ひとめでわかるフランスの

建築と家具の歴史

中世から、ル・コルビュジエの世界まで

CREO

ひとめでわかるフランスの

建築と家具の歴史

中世から、ル・コルビュジエの世界まで

窪田 喜美子

クレオ

エディトリアル・ディレクター：
赤平 覚三

–

Editorial Director:
Kakuzo Akahira

–

ブック・デザイン：
加藤 勝也＋加藤 華林

–

Book Design:
Katsuya Kato + Karin Kato

–

プリンティング・ディレクター：
金子 雅一

Printing Director:
Masakazu Kaneko

–

Published by CREO CORPORATION
4-3-1-1F Kamakurayama, Kamakura City
248-0031, Japan

–

First Printing: July 2020

–

ISBN 978-4-87736-150-1
Printed in Japan

はじめに　ヨーロッパを旅行した時など、ガイドさんから建物の説明を聞いてもピンとこなかった経験があると思う。

　例えば、この教会はゴシック建築ですが初期なのでロマネスクの特徴が入っているとか、ヴェルサイユ宮殿は、バロックでもイタリアのものとは違うとかいわれても、どのような特徴があって、どこが違うのか、さっぱりわからない。

　家具についても、マリー・アントワネットが使っていたものはルイ16世様式といわれている。ルイ15世様式も、16世様式も現在フランスではホテルやレストランなどでよく使われている。などといわれても、どのような雰囲気のものか、すぐには目に浮かばない。

　といっても、建築の本や、家具の本をひもとくのも面倒だ。簡単にその部分だけでもわかるような本があったら便利だろうという趣旨で、書いてみた。

　ここでは、時代ごとの建築や内装、家具などを一目でわかるように簡潔にまとめ、そのころの時代的背景も簡単に載せてある。建築史の書籍は多く出版されているが、内装、家具までまとめて解説しているものは、あまりな

いようだ。建物があっての内装で、その中に生活の場として家具が置かれているので、同時代の建築、家具を合わせてみるのは、その時代の生活の様子が分かり、興味深いことだと思う。

　フランスはイタリアの影響を多く受けているが、またゴシック建築のようにフランスで発祥したものがヨーロッパに広まったものもある。その時代の国力や戦争の影響は免れない。時代はずっと現代に近くなり、ル・コルビュジエの建築は、第1次世界大戦と無関係ではない。フランスは手痛い被害を受け、住宅を安く大量生産できるシステムが必要だったのだ。というわけで、時代背景も併せて読んでいただきたい。

　また、なぜ中世から始めるのか。もっと前にも建築や家具があったではないかと、思われるだろう。確かに、ローマ帝国の支配下に置かれた時代には、紀元前に建てられた南仏のオランジュの劇場、水道橋など現在でも見られるし、紀元200年ごろに建てられた公衆浴場の遺構はパリに残されている。

　しかし、この企画では一応フランスという国ができた

時代から始めることにしたのである。時代背景にも記した通り、西フランク国の後継者がいなくなり、選挙をして王を決めることとなり、987年に最初に選ばれたのが、ユーグ・カペーであった。いろいろな説があるとしても、この時代からフランス王国が始まったと言われているので、この時代からの建築、家具などを読んでいただくことにした。

家具については、17世紀半ばのルイ13世時代から、20世紀前半のアール・デコ様式まではフランスがリードしていたといっても過言ではない。特に革命前のヴェルサイユ宮殿での宮廷生活は、全ヨーロッパの宮廷に影響を及ぼし、ロシアやオーストリア宮廷などでは言語もフランス語が使われていた。ヴェルサイユでは、どのような家具がどこに置かれているかなど本国に報告している文書が多く残されている。

通読しなくても、興味ある部分だけ読んでいただき、少しでも建築や家具が身近なものとなることを願っている。少し知識が増えるだけで、別の見かたができたら、楽しみが増えるのではないだろうか。

ひとめでわかるフランスの
建築と家具の歴史
中世から、ル・コルビュジエの世界まで

目次

第6章 ｜ 20世紀前半

中世（11世紀−15世紀頃）

第 1 章

時代背景

フランスの歴史、特に中世というと何を想像するだろうか？ 華やかなヴェルサイユの宮廷とは違って、ペストの流行や、暗い石造りの城郭を思い浮かべるかもしれない。

　フランスにはもともとガリア人（ケルト人）が住んでいたが、ローマ帝国の属州になり、その後ゲルマン人の侵入でローマ帝国は撤退し、フランク王国の時代となった。フランク王国は3分割され、西フランク国がフランス王国の起源となった。

　西フランク国の後継者が絶えると、選挙王政となり、選ばれたのがユーグ・カペーであった。彼の家系は武勇に優れた家系ではあったが大諸侯ではなかった。しかし、王の後継者の努力によりヨーロッパの中でも大勢力となっていく。後世の歴史では、ここからフランス王国として記述される。この頃、古代ギリシア・ローマやガリアの文化を取り入れ、11、12世紀を中心にロマネスク建築の土台が形成された。また、壁の厚い薄暗いロマネスク建築から、光の降りそそぐ明るく天井の高いゴシック建築がパリを中心に広まった。

　カペー朝の継承者が途絶えると、カペー家傍系のヴァロワ家が王位を引き継いだ。ところがカペー朝の母系のイングランド王がフランスの王位継承権を求めてきたので百年戦争が起こる。14世紀末、イングランド軍はロワール川の畔まで攻め込んできた。そこへ神のお告げを受けたとして現れたのがジャンヌ・ダルクである。彼女は王太子の軍を借りてイングランド軍と戦いランス大聖堂で王の戴冠式を行ってシャルル7世としたが、彼女は火炙りにされ、百年戦争は終わった。

ロマネスク建築

キリスト教の神にすべてを捧げる修行僧がリーダーのもとで寝食を共にし、神に祈る修道院というものが6世紀頃から造られるようになった。ブルゴーニュ地方のクリュニーに木造の修道院が建てられ、10世紀後半には石造の聖堂が出来た。さらに11世紀から12世紀にかけて高さ30メートルのトンネル・ヴォールトのある巨大な聖堂が建設された。それは4世紀に建てられたヨーロッパ最大の教会堂である旧サン・ピエトロ大聖堂をも凌駕するものであり古代ローマ風の建築であった。

　一方、スペインの西外れに大ヤコブの墓が発見され、そこにサンテイアゴ・デ・コンポステラ大聖堂が建てられた。熱心な信者はフランス各地から、その大聖堂へ巡礼した。その巡礼路沿いに聖人の遺骨や遺品を保有する多くの教会が建てられた。それらの教会は、その土地の石材、装飾などをふんだんに使い、地方色豊かである。この時代に使われていた半円アーチや葉飾り柱頭などが、古代ローマの建築を彷彿させるところから、19世紀の美術史家がロマネスクという用語を使うようになったと言われている。その特徴は、次の通りである。

———

石造天井 (ヴォールト)

重いレンガや石材で立体的に造られた天井をヴォールトというが、そのヴォールトの工夫によって、教会内部の壁面を柱に替えることは出来たが、建築の壁面は厚く窓も少なかった。

———

彫刻

建築に組み込まれた浮き彫りが多いが、その中でも柱頭が特徴的である。

[図1] アングレーム大聖堂

—

左右の塔などを除いて12世紀に建てられた。ファサード前面に彫刻装飾がなされている。上部中央のキリストを中心として、聖母、天使、下部には地獄に墜ちる者まで彫刻されている。選ばれし人々は喜び踊り、地獄に墜ちた高官の椅子に座る男は、悪魔に舌を引き抜かれている。

[図2] ヴェズレー・ラ・マドレーヌ修道院

—

縞模様のアーチの間にある交差ヴォールトが石造の天井を安定させている。身廊の両側の壁にはアーチ形に開口部があるが、その外側は建物を支えるために壁は厚く窓は小さい。このパリ南東の地から、スペインの聖地まで巡礼した。

アカンサスの葉の模様、動物のモチーフ、キリストの受難などの説話がある。

———

回廊

教会堂、大寝室、食堂などに取り囲まれた中庭に屋根付きの歩廊が取り囲んだもので、屋根を支える円柱の柱頭や立像に面白い彫刻が多い。

———

ロンバルディア・バンド

イタリアのロンバルディア地方の建築家が考案したとされることから、この名前が付いた。アーチの連続模様が帯状に、建物の軒下に取り付けられた。

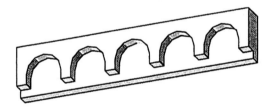

［図3］ ロンバルディア・バンド
—

[図4] モワサックのサン・
　　　ピエール修道院の回廊

—

中世においては巡礼の重要
な地であり、現在はロマネス
ク美術の傑作を見るために
人々が訪れる。この回廊は修
道僧たちの生活の場と教会
堂を行き来するためのもので
あった。双子柱と1本の柱が
交互に並び、柱頭には聖書か
らとられた説話が彫刻されて
いる。

[図5] サン・ピエール修道院の
　　　面白い柱頭

—

頭が1つで胴体が2つの柱
頭。顔に不思議な笑みがこぼ
れている。

ゴシック建築

ルイ7世の治世に、サン・ドニ修道院長スゲリウスのアイディアから生まれた
と言われている。サン・ドニ修道院はパリの北に位置する郊外にあり、フラン
ス歴代の王の墓のある修道院であった。12世紀前半、この修道院の付属聖堂
はロマネスク様式の建築ですすめられていた。ところが、壁体は厚く窓は小さ
いため、堂内は薄暗かった。スゲリウスは「神の光」に満ちた明るい空間にす
るため、石工、彫刻師、金銀細工師、ステンドグラスの職人達を集め、光輝く
聖堂を造り上げた。それがゴシック建築の始まりであった。

　ロマネスク建築は人間的スケールで建てられているが、ゴシックの聖堂に
入ると本当にこのような偉大で天井の高い建物が存在するのかと思わせる。
現代でも、そう思わせる聖堂は当時の人々にとって、神が存在する特別の聖
堂と思ったに違いない。ゴシック建築はパリやその近郊に瞬く間に広まった。
ロマネスク建築はその土地の特徴を生かしその地方に根付いたが、ゴシック
建築は石工たちがグループを組んでヨーロッパ各地で仕事をし、この様式を
広めた。その特徴は、次の通りである。

————

ポインテッド・アーチ
ロマネスク建築のアーチは半円であるが、ゴシックでは半円の尖頭を
長く尖らせた。それによって荷重が分散され、壁体を薄くすることが
出来た。

————

フライング・バットレス
外部から直接壁体を支えるつっかい棒のようなもので、壁面が横に開こ
うとする力を支持し、大きな窓を開けることが出来た。そして、ステン

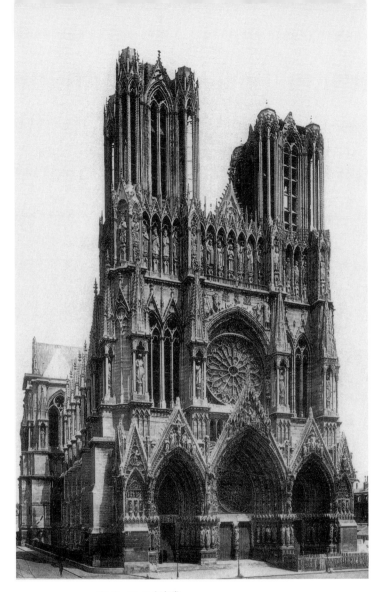

[図6]　ランス大聖堂
—
フランス王の戴冠式場にふさわしく、内外ともに彫像が非常に多
い。フランスの3大ゴシックとよばれるものの1つ。ロマネスクの
特徴は消え、繊細な彫刻が美しい。中央にバラ窓がある。

ドグラスが設けられ、色彩豊かな「神の光」に満ちた聖堂となった。

―――

バラ窓

正面ファサード入口上部に大きなバラ窓といわれる円形のステンドグラスが配された。ステンドグラスは最後の審判などの聖書や賢人伝などから題材をとり、一般の信者にわかりやすくした。

―――

リブ・ヴォールト

ヴォールト天井にリブとよばれる肋骨のような稜線が配され、それが柱にまで束になって装飾された。

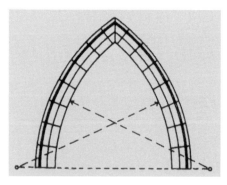

［図7］ポインテッド・アーチ

―

ロマネスク建築のアーチは柱間の中点を中心とした半円アーチであったが、ゴシックでは、2本円弧からなるポインテッド・アーチが用いられた。このアーチを用いると構造的に荷重が分散され、壁体を薄くすることができた。

[図8] ボーヴェ大聖堂
―

ヴォールト天井はポインテッド・アーチを多用するようになり複雑になった。その稜線に肋骨のようなリブと呼ばれる細い石材が施された。高さ48mにもなるリブ・ヴォールト天井。リブはそのまま束になって、柱を形成しているように見える。

[図9] フライング・バットレス
―

控え壁から直接つっかい棒のように、上部の壁を支えている。そのために壁を薄く、窓を大きくとることができた。

　　　　第1章｜中世(11世紀－15世紀頃)

中世の住居の間取りと内装

ここまでは教会をみてきたが、領主などが住む城砦はどのようであっただろうか。まだ平和な時代ではなかったので、城を取り囲むような城壁があった。13世紀頃の領主の住居は、たいてい1階に台所、倉庫、風呂場があった。2階には警備の部屋、次に裁判を行える大きな部屋があった。この頃の城は社会的権威の本拠地でもあったからで、この大きな部屋は豪華に飾られ、行事や宴会の場所となった。寝室はその隣にあった。

　暖炉は住まいのあらゆる部屋に置かれ、暖かさ、換気、照明の役目があった。左右対称を重んじたので、暖炉は部屋の中心に置かれ彫刻などで飾られた。大広間にはいくつもの暖炉を置いた。

　石造の壁の寒さを防ぐために、指物細工で造られた壁パネルが張られた。それらは浅彫りで模様を付けたり、彩色されたりした。壁には保温のためタペストリーも張られた。それらは装飾的なものや、物語を主題にしたものがあった。タペストリー架けとよばれる細長い板が、部屋の高いところに設えられ、タペストリーは、そこに釘で打ち付けられた。

　床は重量があるため石は余り使用されず、テラコッタに石を一部使ったり、テラコッタ・タイルに紋章をデザインしたりしたものが使われた。木製の床は、上座の椅子を置く、1段高くなったところに用いられた。

　天井は石造のヴォールト天井、または木製のパネルを張ったものもあった。

中世の家具

宮廷や領主達は狩猟のシーズンごとに、城から城へと移動した。移動に際し

[図10] ヴァンセンヌ城砦

—

中央にある方形のドンジョンとそれを囲む城壁が中世の城砦の特徴である。城壁の上部にギザギザのように見えるのはマシクーリとよばれる石落としである。

[図11] 寝室

—

ランジェ城砦の寝室。ベッドは長手の方に切り込みがある。大きな櫃、その後ろにはタペストリー、床はテラコッタ・タイル、梁むき出しの天井。

ては、大きなベッドを除いて、衣類、ベッド用品、食器などを櫃に詰め込み、家具なども家畜に引かせて荷車で運んだ。道中、城以外ではテントを張って過ごした。そのため、王侯貴族たちの家具はほとんど残されていない。教会や富裕な市民の邸から、この頃の家具は見つかっている。

家具の材料はオーク、胡桃、樅の木も使われた。装飾は、彩色や彫刻が用いられ、テーマはほとんど宗教的なものであった。建築からのモチーフは、ロマネスク建築のアーチ、ゴシック建築のバラ窓、ポインテッド・アーチなどが使われた。

―――

ベッド

中世にはベッドの装飾が贅沢になり、金属や高価な木材、象牙、角が使われた。

13世紀までは頭の方に分厚いクッションを山のように置き、座るような姿勢で寝ていた。そのためベッドの寸法が短く、平らに足を伸ばせない。

14世紀になると、寸法は長くなり、たっぷりした布が沢山使われ、ベッドを覆い隠すようになった。シルク、ビロード、金のラシャ、毛皮で裏打ちされた布などが使われた。

15世紀になると、布地の豪華さは変わらないが、ベッドは過大な大きさとなり、4、5人一緒に寝られるようなものもあった。長枕も使われるようになった。

―――

櫃

中世の代表的な家具である。初期の櫃には足がないが、後に4本から6本の足がついた。様々な用途に使われ、長持ち、ベンチ、ベッドとして、

[図12] 貴婦人の食事
—

フリンジ付きの大きな天蓋の下で、女主人が音楽の演奏を聴きながら
2人の貴婦人に挟まれて食事をしている。テーブルは簡易な木製であ
るが、豪華なダマスク織のテーブルクロスがかかっている。左には天
蓋のついたドレソワール（飾り棚）があり銀器が並べられている。右
側の陪食者たちはバンキエとよばれるベンチに座っている。

または戸棚や宝石箱としても使われた。

———

ドレソワール

飾り棚であり、宴会の折など金や銀の皿などを飾った。棚の数はエチケット（規則）で決められていた。君主などは5段、王子は4段など身分によって決められていた。前ページの貴婦人の食事では2段のドレソワールが使われている。

———

椅子

中世になると衣服が豪華になり、それに合わせて椅子も優雅さが求められるようになった。金や象牙、銀や銅で象嵌などの装飾を施し、光沢ある布で包まれたりしたが、固定することなく取り外し出来るようになっていた。

　領主の部屋には、このような立派な椅子は一脚しかなく、領主が座るか、身分の高い人が訪れた時に使われた。ほかの人々は身分に応じて、ベンチ、櫃、クッションの上などに座った。

———

戸棚

教会に残されたものが、いくつか見られるが、ロマネスク様式の戸棚は13世紀頃のもので、両開きの扉にはアーチ形の切り込みが付き、カンヌキで閉めるようになっている。15世紀のゴシック式の戸棚は幅広のもので3枚扉が上下2段になっていて、下部はベンチのように座れる。ベンチの座の部分は持ち上げられ、物も入れられる。どちらも教会の聖具室や宝物室に置かれた。

[図13] 城への移動
—

城から城へと移動するには、ベッド以外のほとんどのものを運ばなければならなかった。召使たちはテントを張り、荷車から荷物を降ろし、今夜寝る場所の設営にいとまがない。地方を旅する王侯貴族は、名門の印として、テントには贅沢な家訓のシンボルや刺繍を施していた。

　　　　　　　　　　第1章 │ 中世(11世紀－15世紀頃)

［図14］13世紀のベッド

―

4本の脚のあるベッド。長手の方に、ベッドに入りやすいよう、切り込みがある。頭の方にいくつものクッションを重ねている。まっすぐ足を伸ばすと窮屈である。天蓋から下がるカーテンで眠る人を保護し、昼間はカーテンを球のようにまとめた。

［図15］13世紀末の櫃

―

この見事な櫃は、無垢の木に彫刻したもので、前面には12勇士が鎧兜に身を固めた姿が彫刻されている。結婚式の前日に新郎が宝石や装身具を入れて花嫁に贈ったものだと思われる。

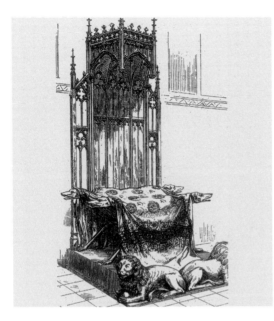

[図16] 王の玉座
—

12世紀から15世紀にかけて、フランス国王は折りたたみの玉座を使っていた。これらの玉座には、豹、ドラゴン、グレーハウンドなどが装飾として使われた。14世紀になると、玉座には背もたれや天蓋が付き、ライオンの仔が足載せの役割を果たしていた。

[図17] ゴシック様式の戸棚
—

教会の宝物室にあったものである。この戸棚にはベンチが付いていて、座の部分が持ち上がり、収納できるようになっていた。戸棚の上頂部前面は彫刻したコブシの花で飾られている。扉は彩色も無く、錬鉄の金具が唯一の装飾である。

　　　　第1章 ｜ 中世（11世紀－15世紀頃）

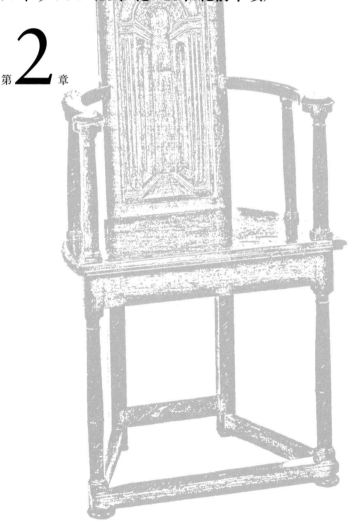

ルネサンス（15世紀－16世紀前半頃）

第2章

時代背景

百年戦争も終わり、フランスに平和が取り戻され、国内にみなぎった活力はイタリアに向けられた。イタリアは中小国家に分かれ対立し、外国人の援助を望んでいた。15世紀末から16世紀初めにかけて、何人かのフランス王が遠征してローマやフィレンツェに入城したが、結局イタリア遠征は失敗に終わった。しかし、王たちはイタリアのルネサンス文化に触れ、大量の美術品を持ち帰るなど、フランスに多くの影響をもたらした。

　特にフランソワ1世は、レオナルド・ダ・ヴィンチを招聘するなど、多くの芸術家をフランスに招いた。フランソワ1世の息子アンリ2世は、メディチ家のカトリーヌ・ド・メディシスと結婚していたが、1559年槍試合で死去する。カトリーヌは息子の摂政となり、カソリックとプロテスタントとの争いを鎮めるために、娘とプロテスタントのナヴァール王アンリを結婚させる。1572年結婚式のために集まってきた多くのプロテスタントの人々はカソリックの人たちに殺された。「サン・バルテルミーの虐殺」である。

　カトリーヌ・ド・メディシスの息子達は早世し、世継ぎがなかったので、ヴァロワ家は断絶し、カペー朝から連なるナヴァール王アンリがブルボン家のアンリ4世となった。彼はカソリックに改宗し、「ナントの勅令」を発し、宗教の自由を認め、長い間の宗教戦争を終わらせた。アンリ4世はマリー・ド・メディシスと再婚したが暗殺されたため、息子のルイ13世は9歳で即位する。マリーは摂政となり、ルイ13世が成人しても実権を渡さず、陰謀を企み、国外追放される。

　ルイ13世とスペイン王フェリペ3世の娘アンヌ・ドートリッシュとの間に20年ぶりに子供が生まれ、後のルイ14世となる。狩が好きだったルイ13世は、狩をするのに便利なヴェルサイユの地に館を建てるが、それがもととなって現在の大きな建物になっていく。

ルネサンス様式の建築

イタリアで始まった、古代ギリシア・ローマ芸術の再生というのがルネサンスの意味であるが、文学、美術、建築まで、ルネサンスは広がりを見せた。ルネサンス建築はゴシックとは違う新しい建築を生み出そうとしたもので、ローマのパンテオンからヒントを得て、フィレンツェ司教座聖堂のクーポラ建設に始まるといわれている。

　フランスのルネサンス建築は、イタリア遠征で刺激を受けた王たちが手をつけ始めた。

　最初は、ロワール川周辺のブロア城館にルネサンス様式のアーケードを付けたり、シャンボール城館の建設には、ゴシック様式に混ざって多くのルネサンスのモチーフが使われたりした。それらの工事ではゴシック様式に携わってきた石工達が手探りでルネサンス様式を導入した。

　次に、ルネサンス建築の本場から建築家や画家がフランスに招聘された。その頃のイタリアは後期ルネサンス時代で、ミケランジェロの手法（マニエラ）から発展した様々な手法や奇想を凝らすようになっていた。例えば、柱が梁を支えるというのが建築の大前提であったが、1階と2階をぶち抜くような巨大な柱であるジャイアント・オーダーを使ったり、整然とした柱の間隔をずらしたりした。そのような手法をマニエリスムとよぶが、フランスに招聘された人びとはマニエリスト達であった。しかし、彼らはフランスの建築も尊重しながら独自の世界を作った。フォンテーヌブロー城館で仕事をしたので、フォンテーヌブロー派ともよばれる。

　16世紀半ばになると、フランス人建築家が活躍するようになる。ピエール・レスコはルーヴル宮殿のファサードをルネサンス特有の3層構成とした。つまり、1階は繊細なコリント式円柱、2階は華やかなコンポジット式、3階

［図1］　オーダー(円柱の様式)
　　　　の種類

—

古代ギリシア・ローマ時代の
円柱の様式、ドリス式、イオ
ニア式、コリント式に加え
て、トスカナ式とコンポジッ
ト式がこの時代に加わった。
左から、トスカナ式、ドリス
式、イオニア式、コリント式、
コンポジット式。

［図2］　ジャイアント・オーダー
　　　　(ローマのパラッツォ・ディ・
　　　　コンセルヴァトーリ)

—

ミケランジェロは古代ギリシ
ア・ローマ時代から柱が梁を
支えるという決まりを破り、
1階と2階をぶち抜くコリン
ト式ジャイアント・オーダー
を作った。しかし、よく見る
と1階の梁を支えるイオニア
式円柱も見られる。大小の円
柱の対比が面白い。

　　　　第2章 ｜ ルネサンス(15世紀−16世紀前半頃)

は大胆なレリーフで飾った。フィリベール・ド・ロルムはフランソワ1世の王廟、ジャン・ビュランはエクーアン城館でローマのコリント式柱頭を模したジャイアント・オーダーを使用している。

間取りと内装

フランスで、初めて便利さ、安全性、快適さを結びつけた独立した住居が現れたのはシャンボール城館であった。それは控えの間、寝室、書斎などが一続きになっていて、アパルトマンとよばれた。その設計は、イタリアの建築家から伝えられたといわれている。それ以来、フランスの館や城館では、アパルトマンが設計された。王、王妃などそれぞれが自分のアパルトマンを持った。

　床はエナメルをかけたテラコッタ・タイルが使われ、それに紋章などの模様をつけた。エナメルをかけてないものは重要でない部屋に用いられた。

　石造の天井は、階段、玄関ホール、台所などに使われた。ルーヴル宮やフォンテーヌブロー城館の寝室や舞踏室では彫刻や絵画で飾られた豪華な格天井があった。

　15世紀半ばまで、階段は実用的なものであった。しかし、この頃から階段はシンボルとしての価値をおびるようになった。シャンボール城館の2重の螺旋階段、ルーヴル宮殿のアンリ2世のトンネルヴォールトの階段は有名である。

　壁にはドアの高さに合わせた木製の壁パネルが張られたが、彫刻や彩色したものに加えて、フィレンツェのアラベスク模様からヒントを得た模様が描かれた。

　暖炉は、ますます立派なものになっていった。城館の大広間の威厳を保つ

［図3］　フォンテーヌ・ブロー城館の外部階段（プリマティッチョ）
—
ルネサンス建築の本場から、画家や建築家が招聘され、そのころ
のルネサンス末期の傾向であるマニエリスムをフランスに伝えた。
1階は基壇仕上げ、2階はトスカナ式円柱が使われている。

［図4］　ルーヴル宮殿・レスコ棟
—
フランス人の建築家ピエール・レスコはルーヴル宮殿のファサード
に1階をコリント式、2階はより華やかなコンポジット式の柱を設
計し、3層目はより低いアティックとし、彫刻家グージョンの浅浮
彫で装飾した。端正なルネサンス様式のファサードを完成させた。

ために、暖炉は建築上の一大要素であった。高い炉脇に支えられた暖炉は、古代風の刳り形が強調され、物語や寓話をテーマにした、または紋章をあしらった彫刻が装飾された。休息している大きな角を持った鹿の彫刻も暖炉の装飾に使われた。

ルネサンス様式の家具（1500年–1610年）

この時代のフランスの家具は、基本的にイタリアのものと区別できない。というのは、イタリアの様式をかなり忠実に写し取ったものだからである。つまり、古代建築のラインと古代ギリシア・ローマ文化からヒントを得た装飾を尊重したものである。

　しかし、フランス的な特徴もある。イタリアでは非常に一般的であった彩色と象嵌よりも彫刻が好まれた。

　この時代の典型的な家具は食器棚（ビュフェ）である。イタリアでは、まだ珍しかった食器棚がフランスの家具の中で、大きな位置を占めていた。後にアンリ2世風の食器棚とよばれ、19世紀末にも流行した。それは、大きな家具で、扉には豪華な彫刻が施され、支柱には下部が鞘形の女身柱がついていた。

　ベッドは半身を起こすようなベッドではなく、平らなマットレスに長枕がついている。4本の女身柱で飾られた柱が、彫刻で装飾された天蓋を支えている。

　重々しい椅子は軽くなり、下の箱が消えて、4本の足は貫で結ばれて安定感を出している。座は台形で、背もたれには彫刻が施されている。
櫃も丸みをおびた蓋や、側面、足にも重厚な彫刻が施された。

[図5]　シャンボール城館

—

フランソワ1世はイタリア遠征で様々なものを見て刺激を得てこの
城館を造らせた。シャンボール城館では、これまでゴシック建築
に携わってきた石工たちが手探りでルネサンス様式を取り入れた。
急勾配の屋根や円塔にゴシックの名残がみられるものの、装飾に
は、古代ギリシア・ローマで使われたモチーフが多く見られ、ルネ
サンスの特徴を表している。

［図6］　カトリーヌ・ド・メディシスの寝室（ブロア城）
—

1589年にカトリーヌはこの寝室で死去した。天蓋のついたベッド
と櫃も当時のものである。床はテラコッタ・タイル。壁にはアンリ
2世のHとカトリーヌのCをデザインした組み合わせ文字がみえ
る。隣には、カトリーヌの書斎があり、200枚以上のデザインの異
なる羽目板があり、その中のいくつかは隠し戸棚になっていて、宝
石や重要書類をしまっていた。

［図7］　シャンボール城館中央に位置する2重のらせん階段
―

ゆるいスロープの階段の入り口をずらして2重の階段にしてある
ため、屋上に出るまでほかの入り口から入った人と行き交うこと
はない。左手に大きな暖炉、ヴォールトは格天井となっており、
格間には彫刻が施されている。

　　　　　　　　第2章 ｜ ルネサンス(15世紀－16世紀前半頃)

フィレンツェのメディチ家から2人のフランス王妃

メディチ家では、領土権を争う厳しい情勢の中で、フランスとの政略結婚をすすめていた。フランソワ1世の次男にカトリーヌ・ド・メディシスが嫁ぎ、長男の死去により、次男はアンリ2世となり、カトリーヌは王妃となる。夫が槍試合で死ぬと4人の息子が残されたが、彼女は摂政となり権勢を奮い、王となった息子達を操る。彼女がじかに手を下したわけではないが、プロテスタントを無差別に殺した「サン・バルテルミーの虐殺」がおこる。カトリーヌの最晩年、3男アンリ3世のみを残して死去する。彼も跡継ぎを持たずに暗殺される。彼女はルーヴル宮とチュイリルー宮を結ぶ回廊を造らせようとしたが、フィレンツェのピッティ宮殿とヴェッキオ宮殿を結ぶヴァザーリの回廊のようなものを考えていたのだろう。

　カトリーヌ・ド・メディシスの娘と結婚したナヴァール王アンリは、ヴァロワ家が途絶えたため、フランス国とナヴァール国の王アンリ4世となった。そして、マリー・ド・メディシスと再婚する。ところがアンリ4世が暗殺されたため、9歳の長男がルイ13世となって即位した。母親のマリーは摂政となるが、次男を王にさせたいため色々画策して、ルイ13世が30歳になっても実権を離さない。とうとう陰謀が明るみに出て、国外追放となった。彼女はパリのリュクサンブール宮殿をフィレンツェのピッティ宮殿に模して、贅沢な暮らしをした。また、ルーベンスに自分の一生を「マリー・ド・メディシスの生涯」として24枚の連作ものとして描かせ、現在ルーヴル美術館に飾られている。

　財政的に困窮していたフランスにとって、莫大な持参金をもたらした2人の花嫁が来たことは多くの影響をもたらした。彼女たちは大勢の料理人を連れてきて、食事やマナーも広めたといわれている。（メディチのフランス語読みがメディシス）

[図8] 食器棚

———

豊かで多様な彫刻が施されている。下半身が鞘形の女身柱が3本あるのが特徴である。両扉の中央にはニッチがあり左はヘラクレス、右はヴィーナスのようだ。

[図9] アンドルーエ・セルソーによる版画の下絵

———

この4本の柱で支えられた天蓋付きベッドは中世の伝統を再び取り上げている。寓話や動物のモチーフを主題とする彫刻が提案されている。全般的には布で覆われたベッドが多かった。

ルイ13世様式（1589年-1661年）

［ルイ13世様式の建築］

ルイ13世の父親アンリ4世は、世の中が安定してくると、道の狭い、家並みが立てこんでまったく日が射さないような家もあるパリの街並みを改造することにも力を尽くした。

　それまで都市の中で広場というものを考えられていなかったが、画期的なこととして、国王広場（現在のヴォージュ広場）を造った。それは都市空間、商業的な中心地となり、その広場では国王主催の祝典の舞台ともなった。広場のまわりには、赤レンガとクリーム色の切石で出来たツー・トーンカラーの建物が建設されたが、この建築デザインはアンリ4世からルイ13世時代にかけての典型的なものである。

　ルイ13世は幼い頃から狩猟が好きで、パリにも近いヴェルサイユに狩のための館を建てた。ヴェルサイユの森は良い狩り場であった。ルイ13世が建てたヴェルサイユの館も、レンガと切石で外壁が覆われている。屋根はマンサード屋根とよばれる急勾配のものでスレート葺きである。屋根には白い石で縁取られた窓がついている。

　大きな館や宮殿では、アパルトマンの部屋が、寝室、衣装部屋、控えの間、書斎など数も増え、配置も変わってきた。以前よりも快適で洗練されてきたものの、内装と家具を考えて設計するところまでには、なっていなかった。そのためチグハグな印象を与えたが、徐々にフランス独自の様式が生まれつつあった。

[図10] ヴォージュ広場
―

アンリ4世時代に造られた。赤レンガとクリーム色の切り石の外壁
のある建物で広場を囲んでいる。屋根は急こう配のスレート葺き
である。ルイ13世時代にも、この建築様式は一般的であった。

[図11] ルイ13世のヴェルサイユの館
―

ルイ13世はヴェルサイユの辺りで狩りをするのが好みであった。
ところが夢中になりすぎて城に帰れなくなり、商人が利用する旅
籠に泊ることも多かった。そのようなことから、ヴェルサイユに館
を建てた。赤レンガとクリーム色の外壁にスレートで葺いた屋根
であった。現在のヴェルサイユ宮殿の原型である。

［ルイ13世様式の家具（16世紀末から17世紀半ば）］

前の時代よりも快適さを求めるようになったので、家具製造業者、タペストリー業者、家具の生地業者に対する需要が増えた。

　前時代の彫刻の装飾ばかり目立つものではなく、幾何学的な外観を持ち、家具は練りつけ（無垢ではなく表面に薄い木製の生地を張りつける）、ろくろ細工、刳り形で装飾されている。その形は一般的に建築的な要素、コーニス（上部刳り形）、ペディメント（破風）が使われ、簡素で、どっしりしている。

　素材は、オーク、胡桃、黒檀、椰子、樅が使われた。練りつけに使われたのは、黒檀や洋梨の木など黒っぽいもので、やがて、そこに象牙、大理石や金属が加えられた。

———

ベッド

4本の柱も、布で隠され、指物師の仕事よりも織物業者（タピシエ）の腕が目だった。ベッドと同じサイズの天蓋も布製である。

———

テーブル

H型やX型の貫の中央に壺、コマ、リンゴなどのモチーフが飾られた。足も貫もろくろ細工されたものが多い。

———

椅子

椅子の座が床から45センチとなり、低くなった。座には馬の毛が詰められ、タペストリー、ビロード、ダマスク織り、型押しの革などが張られた。足はろくろ細工され、足の先端には平たい球がついていた。

[図12] カクトワール
—
フランス語でお喋り椅子とも
いわれ、ペチコートなどで膨
らんだスカートをおさめやす
い形となっている。この時代
の代表的な椅子である。椅子
の下の箱は消えて、次第に軽
くなった。4本の脚は貫で結
ばれている。座は台形で、湾
曲した肘掛けが付いている。
背もたれには彫刻が施されて
いる。

第2章 ｜ ルネサンス(15世紀－16世紀前半頃)

［図13］布で覆われたベッド

—

ベッドの枠も布で覆われ、寝床は藁を敷き詰めて布で覆ったものである。前の時代の彫刻のあるベッドとは違って、木部はほとんど見えない。天蓋の下には細い針金があり、カーテンレールの役割を果たしていた。ルイ13世のベッドは残されていないが、記述によると天蓋にリンゴ型の装飾が四つ付き、天蓋は白の浮き織のある布で飾られ、カーテンその他は王の好みの緑色のヴェルヴェットで、それに金の房飾りがつけられていたようだ。かなり鮮やかだったことだろう。

[図14] テーブル

—

通常H形の貫が付いていた。ろくろ細工の横木の中央には、壺、リンゴ、コマのモチーフで飾られた。左のテーブルにはコマが付いている。中央に引き出しがある。

[図15] 肘掛け椅子

—

ろくろ細工をした肘の先端には女性の頭が付いている。雄羊の頭やライオンの頭が付いていることもある。貫はH形である。脚のろくろ細工は通常は同じ向きであるが、高級なこの椅子では左右対称になっている。座の部分には馬の毛が詰められ、高価な布地が張られた。

バロック様式（17世紀後半－18世紀頃）

第3章

時代背景

1643年ルイ13世が亡くなり、ルイ14世は4歳で即位した。母親のアンヌ・ドートリッシュは摂政となり、イタリア人のマザランが宰相となった。マザランはルイ13世時代の絶対王政の政策を引き継いだが、人々の間にそれまで抑えられていた様々な不満が爆発し、「フロンドの乱」となった。最初はパリだけであったが、2度目の叛乱は地方にも及び、マザランのコンデ公の処遇をめぐって貴族たちの「フロンドの乱」になった。約5年間にも及ぶ叛乱もやっと収まり、結果として貴族の力は弱まった。マザランが死去し、1661年、ルイ14世22歳の時に宰相を置かず親政を始める。

　宰相ではなかったがコルベールは、建設総監、財務総監など多くの役職を持ち、絶対王政の確立に貢献した。財政面では、強力な保護主義政策をとり、国内産業を育成する重商主義政策で国を富ませることを考えた。

　アンリ4世は「ナントの勅令」を出して、宗教の自由を認めたが、ルイ14世は一国一宗派を唱えたため、20万人ともいわれる商工業者であるプロテスタントの人々が外国へ亡命し、フランス経済に大きな打撃を与えた。

　ルイ14世の治世の間に、オランダやハプスブルク家との戦争を4回行っている。領土は現在のフランス国境に近づいてはいるが、財政負担のわりには得たものは少なかった。

　ルイ14世は歴代の王のように、あちこちの城を巡って居を定めていなかったが、絶対君主として君臨するようになるとヴェルサイユに定住し、政治もそこで行った。貴族たちもヴェルサイユに住まわせ、二度と「フロンドの乱」などが起きないように、貴族たちを監視しながらも特権を与え、田舎の領地に戻りたくないくらいヴェルサイユを華やかなものとした。ヴェルサイユの舞踏会やしきたりがヨーロッパ各国へのプロパガンダとなり、また憧れとなった。

バロック様式の建築

バロックの語源は正確にはわからないが、「歪んだ真珠」ともいわれ、イタリアではルネサンス時代の端正な形より、楕円の平面、捻れたもの、曲線や歪んだ形など動きのあるものが好まれた。ローマのサン・ピエトロ大聖堂の増築やファサードを仕上げたカルロ・マデルノや、大聖堂の前に台形と楕円を組み合わせ、そのまわりを4列の円柱で囲ったジャンロレンツォ・ベルニーニの作品がバロックの幕開けとなった。色や形、大きさなどが派手で強烈な印象を与え、各国に伝わりやすかった。

　フランスでは、ヴォー・ル・ヴィコント城館がバロックの先駆けとなった。建築家のルイ・ル・ヴォーはローマ・バロックの好んだ楕円形の広間やドーム、両翼のパビリオンにはイオニア式のジャイアント・オーダーを使った。財務卿のフーケはヴォー・ル・ヴィコント城館を竣工したお披露目にルイ14世や宮廷の人々を招いたが、王を凌駕する建物、庭園、調度などに、王の怒りをかい、公金横領の罪で終身刑に処せられた。

　ルイ14世は、ヴォー・ル・ヴィコント城館に係わった建築家のルイ・ル・ヴォー、装飾家のシャルル・ル・ブラン、造園家のアンドレ・ル・ノートル等にヴェルサイユ城館や庭園をもっと豪華にするように命じた。

　歴代の王が城に定住しなかったことを改め、ヴェルサイユに定住することに決めたルイ14世は、王族も貴族も城に住まわせ、政治もこの地で行うことにしたので、大規模な増築が必要になった。ルイ13世が建てたコの字型の建物を三方から囲むような設計がなされた。東側はルイ13世様式のレンガと切石の建物で、庭側の西側は石積みの白亜の城館となり、中央部分はテラスとなり両翼を広げたようなイタリア・バロック様式とした。

　ヴェルサイユ宮殿は、政治の中心であり、宮廷人や各国の大使を迎える

[図1]　ヴェルサイユ宮殿西側

—

ル・ヴォーが設計。両翼がせり出し、イタリア風の平屋根になっている。イタリア・バロック様式とした。

[図2]　ヴェルサイユ宮殿西側：フランス・バロック

—

ヴェルサイユ宮殿には儀式などを行うにふさわしい大きなギャラリーが必要であった。そのためアルドゥアン゠マンサールが上記ル・ヴォーの建築に手を加えて「鏡の間」を設計した。王の威厳を示すような秩序のあるファサードとなり、フランス・バロックが確立した。

には大広間が必要であった。2階のテラスを中心に国王付首席建築家のアルドゥアン=マンサールに命じて「鏡の間」を造った。ル・ヴォーが設計した両翼を広げるようなローマ・バロックは姿を消し、王の威厳を表すような秩序あるファサードとなり、フランス・バロックとなった。

　歴代の王はルーヴル宮やチュイルリー宮を拡張して手を加えてきた。ルイ14世もチュイルリー宮に千人も収容出来る劇場を造らせた。

　ルーヴル宮の表玄関にあたる東側ファサード（現在のピラミッドの反対側）を新たに造らせることとなった。コルベールは国王付首席建築家のルイ・ル・ヴォーに命じて設計案を出させたが、気に入らず、ほかの建築家にも案を出させたが、気に入るものがなかった。とうとうイタリアの巨匠ベルニーニに提案して貰うこととなった。何度か図面が送られてきたがどれもコルベールの意とするものではなかった。ベルニーニをパリに招聘して、実際に現場を見て貰うことにした。ベルニーニは既存の建物を全く無視し、高慢な態度をとるため、フランスの人々の不評をかった。

　コルベールは、フランスの建築家を使わざるを得なくなり、ル・ヴォー、ル・ブラン、技術に詳しいクロード・ペロー達が案を練った。ファサードは凹凸のないもので、コリント式双子柱のジャイアント・オーダーを並べた厳かといってもよい規則的なもので、ローマ・バロックの波打つような曲線を完全に否定したものであり、王の権威や絶対王政を象徴するフランス・バロックといわれている。

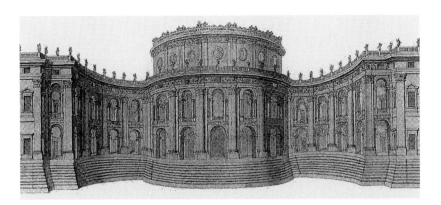

［図3］　ルーヴル宮東側ファサード：ローマ・バロック風ファサード
—
ジャンロレンツォ・ベルニーニ第1案。両翼がせり出し、うねるような
デザイン。

［図4］　ルーヴル宮東側ファサード：フランス・バロック
—
ル・ヴォー、ル・ブラン、クロード・ペロー3人が案を練りベルニー
ニの案とは全く異なる双子柱が連なる列柱廊が設計された。

ルイ14世様式（1661年–1700年）

［間取りと内装］

ルイ13世が建てたヴェルサイユの館は、三方から取り囲むように増築され、その両翼に王族の住む南翼棟、主に貴族が住む北翼棟が建てられた。門から入った両脇には閣僚翼棟が建てられ政治を行った。ルイ14世時代の最後の建築は礼拝堂であった。

　では、ルイ14世と王妃はどこで生活していたのだろうか。ルイ14世は2階に3種類のアパルトマンを持っていた。1つ目は公式アパルトマンと呼ばれ、王の生活の場であり、衛兵の間、第1控えの間、第2控えの間、寝室、閣議の間、テルメ柱の間があった。2つ目は小アパルトマンと呼ばれ、王の美術品の大コレクションが納められていた。この美術品を見ることの出来る人は非常に限られていた。

　3つ目は大使の階段から入って行く大アパルトマンであり、謁見、夜会、舞踏会、音楽会が行われる場所であった。大使の謁見の折には、訪問者一行は大使の階段から、大アパルトマンのヴェニュスの間、ディアーヌの間、マルスの間、メルキュールの間、アポロンの間を通り、戦争の間から鏡の間へ入り、平和の間を背にした玉座まで辿り着く。約200メートルもの間、訪問者達は立派な家具調度、豪華な宮殿に目を見はることになる。

　王妃のアパルトマンは、北側の王の大アパルトマンと対称的に南側に設計されていた。通常王太子や王太子妃は1階の南側や庭の見える西側にアパルトマンがあった。

　ルイ14世は親政を始めた頃から、政治の面で自分の政策を推し進めてきたが、この時代のあらゆる芸術にも自分の様式が現れた。建設総監であり、財務総監でもあるコルベールは、ルイ14世の意図することをくんで、首席画家である

[図5]　ヴェルサイユ宮殿 鏡の間

—

絶対王政を誇るルイ14世が各国の大使を迎えたり、儀式をしたり
するためにマンサールが設計した。それまでイタリアの影響が色
濃くあり、天井画はアポロン神話がテーマとなっていたが、この
「鏡の間」では、王の偉業が描かれている。ここでの天井画を見れ
ば、王がいかに戦争に勝ち、人民のために尽くしたかがわかる。次
にヴェネツィアだけで作られていた鏡をフランスでも作るように
なり、鏡をふんだんに張り、国内外に鏡産業の成功をアピールし
た。昼間でも薄暗い大アパルトマンから入っていくと、急に明るく
なり100m先迄見渡せる。5m以上ある窓からは燦々と光が入り鏡
に反射し、その光がシャンデリアと天井画を照らし出す。窓から
は地平線まで続く庭園が見渡せる。

　　　　第3章 ｜ バロック様式(17世紀後半－18世紀頃)

シャルル・ル・ブランに芸術的な政策を任せた。ル・ブランはヴェルサイユの装飾を担当し約25年間にわたって金銀細工師、指物師、家具職人、織物師、彫り師、彫刻師、装飾職人、さらに庭師までも統率した。ル・ブランは全員に1つの統一したスタイルを命じた。それは、古代ローマの文化の偉大さが溢れ、バランスが良く、左右対称が一目でわかり、ゆったりしたラインであった。

内装の床ははじめ大理石が使われたが、階段や玄関などを除いては、より暖かく掃除も楽なオークで作られた寄木張りが使われた。贅沢なものとしてはルイ14世の母后アンヌ・ドートリッシュのルーヴル宮の書斎の床があげられる。金属、象牙、銘木などを使用したモザイク張りであった。

天井は梁が見えるようなものは消えて、絵画や彫刻で曲面を飾ったドーム形に変わった。ヴェルサイユ宮殿の天井画は、シャルル・ル・ブランがフィレンツェのピッティ宮殿の天井画からヒントを得て神々を描いたものであった。ルイ14世が絶対君主として確立すると、鏡の間の天井画は王の偉業を表し、絶対君主のプロパガンダとしての役割もあった。ヴェネツィアの特産物であった鏡の生産がフランスでもできるようになると、鏡の間にふんだんに鏡を使い、フランスの産業政策の成功をヨーロッパの国々に見せつけた。また、王の新しい寝室はろうそくの光を鏡が反射して明るさを増すように、天井を白く塗られるようになった。

壁も天井の豪華さと釣り合うように、壁全体に様々な大理石を使うようになった。保温に優れた木製のボアズリ（羽目板）も相変わらず使われ、古代ローマからヒントを得た派手やかなグロッタ趣味（動植物をモチーフとした壁面装飾）で装飾された。

ヴェネツィアで独占していた鏡をフランスでも生産するようになると、鏡の間をはじめとして、多くの城館などで鏡が使用されるようになった。一番普遍的な使い方は暖炉の上に大きな鏡を張ることであった。

[図6]　ヴェルサイユ宮殿 ディアーヌの間

―

公式の部屋が並んでいる大アパルトマンの最初の部屋である。壁
には様々な色大理石で装飾され、天井は月の女神ディアーヌが狩と
航海をつかさどる象徴として凱旋車に乗っている姿が描かれてい
る。床はヴェルサイユ独特の組み方をしたオークの寄木張りであ
る。左に見えるのは、ルイ14世の胸像。王は、この部屋で王太子
たちとよくビリヤードをした。

［ルイ14世時代の家具］

今までの簡素で重厚な雰囲気から、家具の種類も増え、多目的な家具から用途の決まった家具が作られ始めた。素材も増え、技術も向上し、装飾のモチーフも増えた。素材は、一般的には栗、胡桃、オークが使われ、漆やブロンズも用いられた。

技術的には、アンドレ・シャルル・ブールのマルケトリ（一種の寄木張り）が有名である。フランスの職人たちは、中国や日本から蒔絵のパネルを取り寄せ、家具に使った。ブロンズも装飾のためもあるが、家具を補強するためにも使われた。

装飾のモチーフは神話、花、動物、建築、戦いなどが用いられ豊富になった。

———

ベッド

この時代のベッドは、あまり残っていない。ベッドは家具職人の仕事よりも織物師の作品であった。天蓋一式、カーテン、ベッド・カバーなどは、ジェノヴァのビロード、唐草模様を織り込んだブロケードなど豪華なものが使われた。

王や王族の謁見用の寝室では、大使などを謁見したり、私的に人に会ったり、もてなす場所であった。そこでは、家具一式の大体の決まりがあった。天蓋のついたベッド一式、タブレ（折りたたみ式椅子）8脚から10脚、肘掛け椅子3、4脚、コンフェッショナル肘掛け椅子、寝椅子、テーブルとテーブルかけなどであり、このような家具はカーテンや壁布とコーディネートされて豪華な布が使われた。

———

コンソール・テーブル

コンソール・テーブルはルイ14世時代の特徴的なものである。このテー

［図7］ ブール作たんす
—

全体に鼈甲の地に銅で装飾されている。非常に細かい細工であり、ル・ブランの監督下にない装飾家のベランや彫刻家のカフィエリのような才能ある職人たちと組んで作品を作ることができた。多くの家具をルーヴル美術館で見ることができる。

［図8］ ヴェルサイユ宮殿
　　　王の寝室
—

寝室には金色の柵があり、その奥に寝台が置かれている。寝台は天蓋の上に白い羽根飾りを四隅に戴き、カーテンもベッドカバーもすべて金銀の刺繍を施した絹織物で覆われている。許された人のみが王の起床に合わせて寝室で挨拶する「起床の儀」、王がベッドに入る時の「就寝の儀」が行われた。

ブルは、軒などの水平部分への突出した部分を支える建築のコンソール（持ち送り）形の脚をしているので、そう呼ばれた。天板は大理石や色大理石をマルケトリにしたものなどがあった。脚部は豪華に彫刻され、脚を結ぶ貫には大きなモチーフの装飾がつけられた。

———

コモード

17世紀末に現れたコモードは、それまでのキャビネットにとってかわった。戸棚が櫃に代わったようなものである。たいてい、両側の支柱の間に3段の引き出しがあり、天板は大理石、ブロンズの錠座、取っ手、たれ飾りの装飾がついていた。

———

8本脚のデスク

ルイ14世の親政が始まる前の宰相マザランから名前をとって、ビュロー・マザランとも呼ばれる。この時代の最も特徴的なデスクである。天板の下には2段の引き出しが、3つに分かれている。どの引き出しも4本の脚に支えられている。

———

肘掛け椅子

椅子は宮廷において、重要な意味を持っていた。ヴェルサイユでは、公式には王と王妃は肘掛け椅子に座り、血縁の王子と王女は背中のある椅子、公爵夫人はタブレに座ることができた。その他の人々は立っていなければいけなかった。

　肘掛け椅子は重々しく荘重で、背もたれは高くなった。肘掛けは手すり子形やコンソール形の脚を延長した支柱に載っていた。この時代の末期には肘の位置が引っ込んだ。この肘の後退が、ルイ13世時代、ルイ14

[図9] コンソール・テーブル

—

非常に豪華なものである。天板は大理石。鞘形の脚は透かし彫りの彫刻で装飾され、X型の貫でつながれている。すべて金で塗装され、一見すると金属のようにも見える。

[図10] コモード

—

この時代の新しい家具で、無垢のマホガニーに黒檀のラインが入っている。まっすぐな支柱、側面も平らである。

[図11] 8本脚のデスク

—

シャルル・ブール風のデスクは赤く染色した鼈甲の地に銅で精巧な装飾がなされている。鞘形の脚は貫でつながれている。

世時代、ルイ14世末期、または次の様式レジャンス時代とを見分ける基準となっている。脚と脚との間の貫はH型、X型が多かった。

———

コンフェッショナル肘掛け椅子

聖職者が信者の告解を聴くための椅子なので、最初は耳の部分に開閉できる窓がついていた。ベルジェールの先祖といえる。

———

タブレ

プロワイアンとも呼ばれる折りたたみ椅子は、贅沢な布地で貼られていた。X型の木製の脚は金色に塗られ、銀無垢のものまであった。

———

寝椅子

この時代に普及した寝椅子は、幅が狭く細長く、8本の脚が付いている。脚は手すり子形、コンソール形、または鞘形で、それらは貫でつながっていた。頭側の背もたれは低く、脚部同様、彫刻で装飾されていた。

———

銀の家具

ヴェルサイユ宮殿では鏡の間をはじめとして、多くの銀無垢の家具調度がおかれた。燭台を載せるテーブル、コンソール・テーブル、玉座、その両脇に置く背丈より高い燭台、タブレ、バンセルと呼ばれるソファ、金銀細工の鏡の額、シャンデリアなどなどである。

　鏡の間にこれらの家具が収められたのは、1686年である。ところがアウグスブルク戦争のため資金が足りなくなり、王令によりすべての銀器は造幣局で溶かされることとなった。

　1690年には、すべて溶かされ、現存している家具はない。ル・ブラン

[図12] 肘掛け椅子
—
座と長方形の背もたれのカバーはジェノヴァのビロードに金の刺繍が施されている。肘はカーブを描いているが、肘木はろくろ細工の脚と直結している。貫はH型である。

[図13] コンフェッショナル
　　　肘掛け椅子
—
聖職者が告解を聴くためのものがルーツといえ、座り心地の良い快適さを求めたものである。布地は花柄のタペストリーが張られている。木部はコンソール形の脚とH型の貫の部分にしか現れていない。

のデザイン画で見られるだけである。

　鏡の間に巨大な銀の家具が置かれ、人々の目を見張らせたのは、たった4年足らずであった。

[アンドレ・シャルル・ブール]
ブールの作るマルケトリ（寄木細工の一種）の家具は、議論の余地のない傑作で、後世の家具にも影響を及ぼした。鼈甲を薬品に付けてえんじ色にした地に銅、錫、銀、角、真珠母、象牙などでマルケトリを作り、もう一つ銅の地に、鼈甲を地にしたものと同じデザイン同じ素材でマルケトリを作り、デザインした。また、そのヴァリエーションも多く作った。（［図7］参照）

　アンドレ・シャルル・ブールの両親は2世代前からルーヴル宮に住んでいた。アンリ4世の時代にスイスからやってきたブール一族は親方の資格を取ることを免除されていた。

　この時代のヴェルサイユにおさめる家具や内装は建設総監、および財務総監でもあったジャン・バティスト・コルベールの監督の下、シャルル・ル・ブランが全権を握り、デザイン、その他すべて彼の承諾がなければ制作できなかった。ところが、ブールは王の直属のお抱えであり、ル・ブランの権限の外にいた。ブールのような立場にいた才能ある装飾家や彫刻家などに囲まれ、ブールは自由に自分の制作を王に提出できたため、独自の作品を生み出すことができた。

[図14] タブレ
―

王や王妃の前で、この椅子に
座れるのは公爵夫人以上の身
分の人であった。同じような
椅子でプロワイヨンは折りた
たみ可能であった。鞘型の脚
にH型の貫がついていた。

[図15] 銀の家具
―

この家具はバンセルと呼ば
れる320kgもある銀製のソ
ファである。背もたれ中央に
ナヴァールとフランスの紋章
が付いている。背もたれと座
には刺繍した布が張られて
いた。

レジャンス様式（1700年–1730年）

［時代背景］

ルイ14世は70年あまりの長い治世の終わり、76歳で死去する前に多くの不幸にみまわれた。王太子や孫たちも死亡してしまい、残されたのは5歳の曾孫ルイ15世であった。ルイ14世の甥であるオルレアン公フィリップ2世が摂政（レジャン）となった。

　彼はルイ14世時代末期の暗くて厳格なヴェルサイユを後にして、宮廷をパリに移した。

　財政は危機的状況にあり、オルレアン公は銀行家ジョン・ローを起用し、経済政策がうまくいったようにみえたが、バブルははじけ、オルレアン公の人気も凋落した。

　宮廷は再びヴェルサイユに戻り、ルイ15世は13歳となり、摂政制は廃止された。

［レジャンス様式］

ルイ14世晩年の堅苦しく陰気な宮廷の反動として、快適さや楽しみを求める気持ちが起こってきた。「レジャンス」という言葉は知的活発さ、バランスと繊細さにあふれた軽快さの同義語として残っている。

　ヴェルサイユからパリに宮廷が移ったことも相まって、部屋の広さは親密さを求めて小さくなり、大きな広間や盛儀寝室は消え、女性用の私室ブドワールや音楽用のサロンが造られた。室内装飾も多様性、遊び心のあふれるものとなった。

　家具はルイ14世様式から、ルイ15世様式の間の過渡期的な様式である。椅子は貫が無くなり、肘掛けの位置が後退した。装飾は貝殻が多く使われるようになった。

[図16] デスク

—

ルイ14世時代の8本脚のデスクが変化したもの。反り返った脚は、もう貫でつながれていない。黒に塗った木部には銅線で象嵌してある。金色のブロンズ飾りは重要な役目を果たしている。取っ手、錠口、脚先の鹿のヒヅメなどである。

[図17] 肘掛け椅子

—

反り返った脚は非常に低く、先端が鹿のヒヅメになっている。もはや貫はない。肘掛けは後退してカバーが付いている。座の下の幕板には貝のデザインが彫刻されている。背もたれは高く後ろに傾いている。見事なタペストリーが張られている。

ルイ15世様式（1730年–1760年）

［時代背景］

13歳でパリからヴェルサイユに戻ったルイ15世は政治に関心がなかった。ルイ14世が指名していた養育係のフルリ枢機卿が事実上の宰相として政治を行い、枢機卿の死後は、ルイ15世の愛妾であるポンパドゥール夫人とショワズール公が政治を行った。

　国際情勢は、イギリス、オーストリア、フランスを巡って緊張状態が続いた。ポーランド継承戦争、オーストリア継承戦争といずれもオーストリアのハプスブルク家と対抗するものであった。また、イギリスとフランスの間での植民地の紛争がもとで、北アメリカ、ヨーロッパの国々も巻き込み7年戦争となった。戦いは最初フランスに有利であったが、イギリスは力をつけ、プロイセンもイギリスに加担し、フランスは植民地の多くを失った。相次ぐ戦争のため、フランスの財政は救いがたいほど破綻した。

　ルイ14世の死後、アンシャン・レジーム（旧体制）を批判し、人間の精神や社会を進歩させようとした啓蒙思想が誕生した。モンテスキューはフランスの現状に手厳しい反省を、ヴォルテールはイギリスの合理主義を、それぞれ書物に著わした。ディドロが中心となって『百科全書』を刊行し、多くの進歩的な学者、芸術家、批評家が執筆した。

　ジュネーヴ生まれのルソーが著わした著作は、主権の担い手を国王ではなく人民だと主張し、彼の思想である「人民主権論」は圧倒的な影響を及ぼした。

　18世紀前半から、女性が主催するサロンがパリで行われ、貴族、官僚、学者、芸術家が集まり、会話を楽しみながら、啓蒙思想の発展につながった。

[図18] ガブリエル棟

—

ヴェルサイユ宮殿の東側は昔
のままの赤煉瓦と切り石で、
この時代になると野暮った
く見えた。ガブリエルは四本
のコリント式ジャイアント・
オーダーが三角破風を支える
荘厳な建物を造った。

[図19] サント・ジュヌヴィエーヴ
　　　聖堂（現パンテオン）

—

ジャック・ジェルマン・スフ
ロ設計。ルイ15世の重病平
癒のお礼に建てられた。古代
ローマ神殿のようなコリント
式円柱、クーポラの円形列柱
が特徴である。

［新古典主義の先駆け］

古代ギリシア・ローマの文明を理想とし、古代のオーダー（p.33参照）や建築の要素を取り入れた「古典主義」建築に対して、古代ギリシアの建築を考古学的な正確さで追求した「グリーク・リヴァイヴァル」などという動きも表れてきた。

　それに加えて、建築の起源を柱、梁、屋根の3つの要素に絞る考え方も出てきた。そのため壁でなく梁を支える独立円柱を重視した。このような事をひっくるめて「新古典主義」建築という。

［間取りと内装］

ルイ15世時代は愛妾の時代でもあった。特にポンパドゥール夫人は『百科全書』や啓蒙思想家を支持し、王立セーヴル窯を設立し、政治に興味のない王に代わって公務までこなした。ヴェルサイユでもパリでも地方でも、女主人が影響力を強めた。

　そのため、部屋の使い方も違ってきた。部屋が全体に狭くなり、部屋の用途の目的がはっきりと決められた。つまり、女性の私室であるブドワール、社交用サロン、小サロン、音楽サロン、それに浴室などである。また、今まで食堂というものがなく、仮設のテーブルにテーブルクロスをかけて、あちこちの部屋で食事をとっていたのだが、この時代には食堂が現れた。

　ヴェルサイユでも、美食家のルイ15世は3階に食堂を造り、4階に厨房を設置し親しい仲間だけが集まり暖かい食事がとれるようにした。それまでは、遠くにある大サーヴィス棟からファンファーレとともに運ばれる料理を公衆の面前で食べていたのである。

　間取りも今までのアンフィラードとよばれる続き部屋ではなく、廊下が現れた。それまでは用事のある部屋に行こうとすると、その手前の様々な部屋

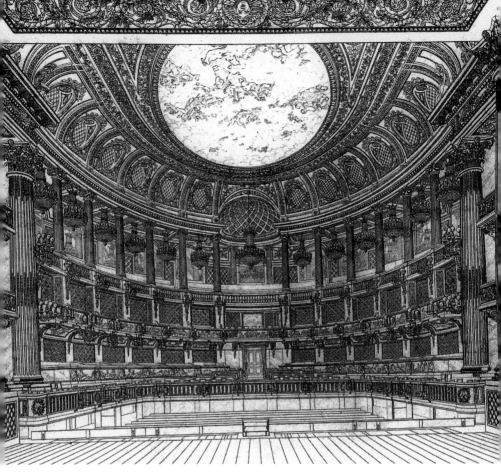

［図20］ヴェルサイユ宮殿のオペラ劇場

——

アンジュ・ジャック・ガブリエル設計。ルイ15世は孫の王太子（後
のルイ16世）とオーストリア皇女マリー・アントワネットの結婚
式に間に合わせるようにこの劇場を造らせた。バロックと新古典
主義の融合がみられるといわれている。馬蹄形の劇場は観客席と
同じくらい舞台の奥行があり、バロック劇場に範をとったもの。舞
台両脇にあるコリント式円柱は独立していて構造的に天井を支え
ている。観客席は古代ギリシアの円形劇場のように階段状になっ
ていて、円柱は立っているが壁のない桟敷席になっている。新古
典主義建築の特徴である。

を抜けていかなければならなかった。よりプライヴァシーが保たれるようになったのである。

　内装の床については、玄関ホール、食堂などは8角形の石灰石の石に正方形の黒い石をはめ込んだものが多く使われた。ほかの部屋はオークの寄木張り、使用人などの部屋はテラコッタが用いられた。

　壁のボワズリ（羽目板）は、よく乾燥した節のないオークに、様々な彫刻の入ったものが使われた。また、白、水色、黄水仙色などに塗られたボワズリは金色でアクセントをつけ家具とコーディネートされた。

　天井は壁のボワズリと同じようにデザインされたコーニスに続き、天井の真ん中につるされたシャンデリアの周りの漆喰のバラ模様まで白、または彩色された。

――――

ロココ

ロココとは、もともとロカイユ（岩）を表す言葉である。庭園の洞窟で岩や砂の壁に貝殻を塗りこめた装飾をするところからロココ様式が始まった。その貝殻が図案化され、アシンメトリー（左右非対称）で複雑で優雅なボワズリ（羽目板）装飾となってくる。ルイ15世時代の大きな特徴のロココ様式は、バロックの力強く、シンメトリー（左右対称）、直線的輪郭を持つものから、軽快で、アシンメトリー、曲線輪郭を持つ様式となった。この様式は急速にヨーロッパ全域に広まった。

――――

ヴェルニ・マルタン（漆風塗装）

日本や中国から輸入された蒔絵は、ふくらみのある家具の表面に使うのは難しかった。また、高額であるため輸入に頼らないで、漆塗りを模倣することに努めた。この塗装方法に成功したのはマルタン兄弟であった。そのためこのような塗装をヴェルニ・マルタンという。

［図21］プティ・トリアノン

―

ルイ15世がポンパドゥール夫人のためにガブリエルに設
計させた。建築は四角形平面でファサードはすべてデザイ
ンが違う。正面のファサードにはコリント式の円柱が4本
立ち、平屋根には手すり子がアクセントをつけている。

黒字に金の漆風塗装、それに日本では用いられない明るい色の下地の色、青、エメラルド・グリーン、黄色の漆風塗装にシノワズリ、田園風景などをデザインした。しかし、この技法は、本物の漆と比べて丈夫でないため、ほんの少ししか残されていない。

［ルイ15世様式の家具］

この時代の家具は最も完成されたスタイルを形作った時期であり、今でもホテルや高級レストランでルイ15世様式を見ることができる。素材は多岐にわたり技術は優れている。形は必要性に応じて多様化した。そして優雅さを失わず、扱いやすく便利になった。

　無垢の木の家具で最も多く使われたのはオークと胡桃の木である。また、様々な木材に塗装した家具が使われた。部屋のボワズリ（羽目板）の塗装や彫刻と合わせてコーディネートされた。

　マルケトリに使われる木材は百種ほどの異なるものが使われ、籠からこぼれる花束、しげる枝、幾何学模様などがデザインされた。

　大理石も室内装飾と家具に豪華な色調を添えている。磁器は素材の新鮮さで、この時代の人々の心をつかんだ。ポンパドゥール夫人が創設したセーヴル窯の磁器の板を家具のパネルや甲板に使った。

———

ベッド

ルイ14世時代のクヌイユ（糸巻き棒）が天蓋に飾られるような大げさなものは消える傾向にあった。天蓋が半分ついている公爵夫人風ベッド、ソファのように背もたれと肘掛けが付き、小さな天蓋付きのトルコ風ベッド、ポーランド風ベッドなど様々なベッドがあった。どれも豪華な布をふんだんに使い、木部はほとんど見えない。

—

ルイ15世は13歳でヴェルサ
イユに戻ると曽祖父が行って
いたように盛儀寝室で休み、
起床の儀、就寝の儀を行って
いた。10年以上たってから
中庭に面し日当たりの良い、
この部屋を改装し、トイレも
隣接させ寝室とした。白地
に金で装飾されたボワズリ、
オークの寄木張りの床、天井
は白の漆喰のままである。王
はここで休み、儀式は相変わ
らず盛儀寝室で行った。

［図23］ヴェルニ・マルタンで
　　　　描かれた部屋

—

様々な色彩を使ってボワズリ
や天井が描かれている。左手
には田園風景を描いた油絵が
はめ込まれている。ヴェルサ
イユにある王太子妃マリー・
ジョセフ・ド・サックスの書斎
であるが、生まれ故郷のザク
センの陶器の色を思い出させ
る色遣いである。家具もこの
ボワズリの色に合わせている。

コモード

この時代のコモードは洗練された贅沢な家具であった。ラインの調和、素材の質、装飾の精巧さが特に優れていた。正面のふくらみは強調されすぎず、側面のカーブも正面に合わせたものであった。コモードの大半はマルケトリの細工がなされ、日本の蒔絵やヴェルニ・マルタンの手法も用いられた。金色のブロンズ飾りは、コモード装飾の大きな要素であり、家具の角、垂れ飾り、脚、錠座、取っ手に用いられた。

　コーナー家具は、部屋の角に置かれるもので3角形に作られた。たいてい、コモードとお揃いのデザインであった。コモードよりも背が高く幅の狭いシフォニエという家具も人気があった。12段の引き出しのついたもので、引き出しの1段ずつに中国風の農民や漁師などが描かれたヴェルニ・マルタン仕上げのシフォニエが残されている。

———

デスク

8本脚のデスクは姿を消し、脚のすらりとした華奢なデザインが現れるようになる。ライティング・ビューローが多くみられるようになり、形も様々なものがみられる。傾斜した板を手前に倒して、下の木の棒で支えるロバの背のライティング・ビューロー。コモードのように見えて、機械仕掛けで、隠れていたテーブルや書類棚が出てくるカプチン風ライティング・ビューロー。そしてルイ15世も使っていたシリンダー付きライティング・ビューローなどである。

———

椅子

椅子の種類は、肘掛け椅子、椅子、タブレ、カナペ（ソファ）、寝椅子など豊富にあった。形は優雅で、軽やかであり、快適さも兼ね備えていた。

[図24] ポーランド風ベッド

―

ヴェルサイユ宮殿にあるこの寝室はルイ16世の母親、マリー・ジョセフ・ド・
サックス王太子妃が使った。ベッドの天蓋の上には木部の彫刻に金色塗装した
装飾がある。えんじ色と金色を使った豪華な布は壁、肘掛け椅子、タブレとも
コーディネートされている。腰板と天井は白く塗られている。床はヴェルサイ
ユ独特のオークの寄木張りである。

座の部分はスプリングの発明で、より柔らかく座り心地の良いものになった。装飾や刳り形は、細かく繊細であった。

———

テーブル

小型で華奢で、そして優雅なテーブルが多数みられる。用途に応じて細かい細工がなされた。甲板は様々な形があるが、脚は反った鹿の脚で細く引き伸ばされ、先端には彫金した金色ブロンズの装飾が付いていた。マルケトリまたはラッカー仕上げのものが多い。

　甲板を持ち上げると中に仕切りがあったり、横に引き出しがあったりする作業テーブル。燭台や骨董品などを置くためのそら豆形テーブル。太鼓のように丸いテーブル。持ち運びが便利なように両サイドに取っ手が付いたベッドサイドテーブル。ハート形のドレッサーなど多くの種類のテーブルが作られた。

———

指物家具師 (ムニュイジェ)

家具職人は、職人の作る家具によって職域が違っていた。指物家具職人は、無垢の木に彫刻を入れた家具などを作り、主にベッド、椅子、肘掛け椅子、カナペ (ソファ)、寝椅子、テーブル、コモード、たんすなどを作った。ベッドや椅子類が主であったが、テーブル、コモードなどは無垢の木を材料にする限りにおいて指物家具職人が作り、木彫り職人が協力関係にあった。木彫り職人は室内のボワズリ (羽目板) などの彫刻も手掛けた。

———

象嵌家具師 (エベニスト)

練り付けとマルケトリを使う高級家具を製造した。この時代のフランス

[図25] コモード
―

日本の蒔絵とヴェルニ・マルタン
の塗装をうまく組み合わせたもの
である。2段の引き出しの中央に日
本風の家屋や庭園が描かれたもの
と側面の花瓶に生けた花は、本物
の蒔絵である。他の部分はあたか
も蒔絵であるかのようにうまく調
和している。2段の引き出しの間
には横木がないので、1枚の絵の
ように見える。金色のブロンズ装
飾がアクセントをつけている。ル
イ15世の王妃マリ・レクザンスカ
のためにフォンテーヌブロー城に
収められた。

[図26] シリンダー付き
　　　　ライティング・ビューロー
―

象嵌細工と金色ブロンズの豪華なラ
イティング・ビューローは現在ヴェ
ルサイユ宮殿で見ることができる。
鍵を4分の1回転させると、側面
の2つの引き出しを除いて、シリン
ダーの上げ蓋と引き出しの解錠、お
よび施錠が全部できる仕組みとなっ
ていた。そうやって書類を隠すこ
とができた。ルイ15世の注文で象
嵌細工師のエーベンが取り掛かり、
リズネールが完成させた。他にも
同じものが2つあり、1つはイギリ
ス王室所有、もう1つはロンドンの
ウォーレス・コレクションにある。

家具の名声は家具職人たちの創意工夫と巧みな技術によるものである。

　エーベンはポンパドゥール公爵夫人のお抱え家具師であり、ルイ15世のシリンダー式ライティング・ビューローを創作した。秘密の引き出しと2重底が組み込まれている。比類なき家具を多く残し、この時代のもっとも偉大な家具師である。クレッサンはロココ様式に行き過ぎず、紫檀などのマルケトリに見事な金メッキのブロンズで装飾した家具を作った。ヴァン・デル・クルーズはセーヴル焼の陶板をはめ込んだテーブルなどを作った。この時代には有名な家具師が多く存在するが、以上に上げた3名が特に有名である。

　家具製作をする職人たちは、指物家具師か象嵌家具師のギルドに所属しなければならなかった。このギルドから親方の資格を得て、初めて独立し、アトリエを持ち、自分のデザインで家具を作ることができた。この制度は、かなり厳しいもので革命が終わるまで続いた。

[図27] 王妃風カナペ（ソファ）
―
カナペは非常に流行した。シルエットは肘掛け椅子とベルジェールの幅を広くしたようなものであった。反った6本から8本の脚が付き、木部は彫刻が施されていた。このカナペは、豪華なタペストリーが張られている。

[図28] カブリオレ形肘掛け椅子
—

この椅子は背もたれが長方形の王妃風とは違いカブリオレ形と言われた。下部中央のみが座につながっている。背もたれの枠から肘木が流れるように付いている。持ち運びやすく、会話をするための肘掛け椅子である。

[図29] ゴンドラ形のベルジェール
—

ブナ材の背もたれ上部と幕板にはバラの花が彫刻されて、白く塗装されている。肘掛けには小さい肘乗せが付いている。座には羽毛のクッションがあり、非常にかけ心地の良い椅子である。

［図30］シェーズ・ロング・ブリゼ
—

このシェーズ・ロングは、3つの部分から出来ている。真中のストゥールをはさんで大小の肘掛け椅子で構成されている。肘掛け椅子は背中から肘掛けの先まで高価な布が貼られている。

　様々な形のシェーズ・ロングがあり、この時代に流行した。

［図31］シフィニエール
—

軽くて持ち運びやすく、朝食などにも使われた。両脇に取っ手があり、中央に引き出しがある。甲板はセーヴル焼の陶器で、花があしらわれ、四隅には金色の貝がデザインされている。全体に蒔絵のように細かい模様がつけられているがヴェルニ・マルタン仕上げである。

［図32-1］多目的テーブル

—

花をモチーフとしたマルケトリが施され、脚を保護するために金色ブロンズの装飾がある。ジャン・フランソワ・エーベン作。

［図32-2］多目的テーブル

—

上記の甲板をずらすと書き物机、両脇の蓋を開けると小物入れ、中央を立てかけて皮の敷物を外すと日本の蒔絵が出てきて書見台になる。

新古典主義（18世紀後半－19世紀頃）

第4章

新古典主義建築

ルイ15世時代に新古典主義の先駆けがみられたが、バロックやロココの過剰ともいえる装飾に対する反動として、この時代には、できるだけ装飾を避け、建築全体の表現も抑制されたものとなる。

さらに、この頃発見されたポンペイの遺跡など古代ローマの遺跡や古代ギリシア建築の研究などもされるようになった。建築家たちは、今までの「古典主義」とは一線を画し、古代ローマ、古代ギリシアから直接ヒントを得て古代建築の原点へ立ち返った。不必要な装飾は使われなくなったが、古代ギリシア・ローマの厳格なオーダーが使われた。

それに加えて、建築の起源を柱、梁、屋根の3つに絞る考え方も出てきた。そのため独立円柱を重視する設計が行われた。

18世紀後半に起こったイギリスの美的概念であるピクチュアレスクの影響も見逃せない。自然の景色にみられるような不規則なものや、さまざまな変化を美的概念ととらえるものである。その絵画的表現は、建築にも庭園にも影響を及ぼした。

また、建築手法を理想化して、突き詰めていった結果、実現不可能な設計も現れた。

「ローマン・リヴァイヴァル」や「グリーク・リヴァイヴァル」ともいわれる、このような建築手法を「新古典主義」という。

[図1] オテル・クリヨンのファサード（コンコルド広場）
—

アンジュ・ジャック・ガブリエルによって設計され、この建物の右側に対称的に立っているのは現在の海軍省である。ルーヴルの東側ファサードを思わせるような列柱が並んでいる。革命の折には、この広場で王や王妃がギロチンにかけられた。

[図2] ラ・ヴィレット関門
—

ルドゥー設計。パリに入ってくる物品から税金を徴収する関税徴収門がいくつか造られたが、そのうちの1つ。16世紀イタリアのパラーディオの影響を色濃く受けている。1階正面にファサードが突き出していることなどである。ペディメントの勾配が緩やかなことなど、グリーク・リヴァイヴァルも取り入れた独創的なもの。

［図3］　カルーゼル凱旋門

—

シャルル・ペルシエとピエール・フランソワ・レオナール・フォンテーヌ設計。ナポレオン・ボナパルトは皇帝に即位すると凱旋門を古代ローマの記念門を考古学的正確さで模して造らせた。後ろにあったチュイルリー宮殿は第3共和政期に焼失。

［図4］　幻視の建築

—

エティエンヌ・ルイ・ブレ設計。実際に建設するのは不可能な計画案を世に問い、図面の上だけで成立するような理想の建築を「幻視の建築」という。宇宙を表現したニュートン・記念堂建築案。

　　第4章｜新古典主義（18世紀後半−19世紀頃）

ルイ16世様式（1760年-1789年）

［時代背景］

ルイ15世の孫であるルイ16世は19歳で王となり、オーストリアのハプスブルク家から嫁いできたマリー・アントワネットは18歳で王妃となった。

　ルイ16世はアメリカ独立に肩入れし、イギリスの植民地から自由と独立を手に入れることを援助した。また、海軍改革にも手を付け、軍港を新たに開設した。宗教政策については寛容なものに改めた。ブルボン家の初代アンリ4世が、宗教の自由を認めた「ナントの勅令」をルイ14世は廃止し、そのため商工業で活躍していた多くのプロテスタントの人々がオランダなどに移住したため、国力が衰えたが、ルイ16世は宗教の寛容例を出すことにより、カトリック以外の人々が戸籍を得て市民権も得られるようになった。

　このようにフランスがやるべきことを着々と手を付けていたが、国家の財政は疲弊し、どうにもならないところまで来ていた。一方、国土の35％を占める土地を持っている聖職者と貴族たちは税金を払っていなかった。王はそこから税金を徴収しようと3部会を開くがうまくいかず、最後に国民に人気のある財務総監のネッケルを罷免したことで、パリの人々がいきり立ち、バスティーユ襲撃となる。1789年7月14日フランス革命の始まりであった。

　王は国民議会を認め、ネッケルを復職させたが、その年の飢饉も相まって地方でも暴動が起こり、食糧不足に苦しむパリの人々、女性が中心となってヴェルサイユに押し掛けた。ルイ16世は特権廃止の条例と人権宣言を承認、国王一家はパリのチュイルリー宮殿へ移った。

　王はイギリスのような立憲君主制でことは収まるかと思っていたが、ミラボーの死によって過激派が力を強め承服できないことが出てきた。特に王が承服できないものの中に国家と教会の立場があった。官吏や軍人のように聖

［図5］　ヴェルサイユ宮殿 黄金の間
—

王妃のアパルトマンの内側にある黄金の間では、マリー・アントワ
ネットお気に入りの画家ヴィジェ・ルブラン、洋服のデザイナー
ローズ・ベルタン、その他親しい人々と過ごしていた。

　白地に金の装飾のボワズリ、暖炉の上には大きな鏡があり両脇に
ブラケット形の燭台が付いている。床にはサヴォヌリーの絨毯が敷
かれている。左手にはリズネール作のコモードが置かれている。

職者も国家に従属しなければならず、国家に宣誓する者と従来の教皇に対する関係から宣誓を拒む者たちが出てきた。

　このことが引き金になって、とうとうオーストリアへの逃亡を企てる。結局東フランスのヴァレンヌで捕まり、パリへ連れ戻される。それ以降王政の存在そのものも問題になってくる。

　フランスの動向を注視していた諸外国は革命の伝播を恐れ、オーストリア、プロイセンはフランス国王支持を鮮明にした。フランスは亡命貴族と反革命を支援する諸外国の武力介入にどう対処するかが問題になった。王は外国軍の勝利を願ってオーストリアへの宣戦布告を承認した。フランス軍が敗北して、再び王権が回復することを願っていたのである。

　思惑通り、訓練のなされていないフランス軍は敗北を重ねた。パリの民衆は国王や貴族の裏切りが敗戦の原因であるとし、王権の停止と議会の刷新を求めて蜂起し、国王一家はタンプル塔に押し込められ、反革命派の貴族たち1300人が処刑された。

　民衆は大挙して義勇軍に志願し、オーストリア・プロイセン軍を押し戻すことに成功した。21歳以上の男子に選挙権が与えられ、国民公会が招集され共和制が成立した。

　国王の処遇に関しては、穏健派のジロンド派とパリの民衆と結びつきの深いジャコバン派と意見が分かれたが、ジャコバン派の意見が通り前王は1793年1月21日ギロチンで処刑された。前王妃マリー・アントワネットも同年10月16日に処刑された。それぞれ、39歳と38歳であった。

［ルイ16世様式］

ルイ16世は芸術の擁護者という一面はほとんど持っていなかった。しかし、ルイ16世の善良さと素朴さ、マリー・アントワネットの優雅さと陽気さは、

[図6]　フォンテーヌブロー城の
　　　ゲーム用サロン
—

きまり切った金色と白の装飾を避けて、様々な色のグロッタ模様で飾られている。金色の唐草模様はマホガニーに見せかけたドアを飾り、ドアの上部にはスフィンクス、さらにその上にはウェッジウッドにも見えるブルーの地に白の浅浮彫がしてある。家具にインド風更紗が張ってある。

[図7]　プティ・トリアノンの
　　　ブドワール（女性用の客間）
—

広間と寝室の間にある、小さな部屋である。2、3人が座れば充分である。内緒話や噂話をするにはうってつけだろう。窓の下にある鏡は上下に動かせる。窓を塞いで、部屋を広く見せる工夫がみられる。

この時代の室内装飾などにあっていた。この時代の人々は、ルイ15世時代の洗練された異国趣味やロカイユ様式に疲れ、自然や新鮮さを高く評価したからである。

　今までもてはやされた都会風の閉鎖的で安逸な雰囲気の後、人々は空気を入れ替えたがっていた。流行は田舎へ移った。

　この頃大流行したジャン・ジャック・ルソーの『新エロイーズ』が描く本物の田舎の影響で、人々は大都会の邸宅やアパルトマンを離れて、田舎の小さな城館に移った。王妃マリー・アントワネットもプティ・トリアノンのそばにアモーという田舎家を造り、本物の農夫を雇い、牛や鶏を飼い、王妃自ら乳しぼりをした。

　ポンペイの遺跡が発見され、西暦1世紀における日常生活が突然姿を現したことで、古代の社会は優雅さと合理性を持って、生き生きと生活していたということに気が付いた。それらの影響を受けたといっても、この時代の人々は簡素さからは程遠く、本物の自然さには達していなかった。宮廷の絶対王政に必要な荘重さや誇張された様式は依然として残っていた。

室内装飾も深い矛盾を反映したものになっていた。ロココの装飾過剰やバロックは避けるようになったものの、室内に多くとりいれられた花束は作りものであった。家具のラインは簡素な方向へ向かっていたが、重さが無くなったわけではなかった。

［間取りと内装］

住居の間取りについては、ルイ15世時代とあまり変わらず、大貴族の邸宅では、伝統的な控えの間、寝室、書斎という一続きのアパルトマンが造られた。しかし、客間と食堂は必ず設計されるようになった。また、メリディエンヌとよばれる寝椅子が置かれたことから名前が付けられた「メリディエン

[図8]　トルコ風ベッド

—

同じ高さのボードが2つある
このベッドは、縦溝のある小
円柱の支柱が付き、その上に
松ぼっくりが飾られている。
木部には金貨と真珠のつな
ぎ模様が細かく彫刻されてい
る。サイコロ形のジョイント
部分はバラが彫られている。
「スルタン」とよばれ、寝椅
子にも使われた。

[図9]　コーナー家具

—

コノテ柏の瘤の化粧張りが面
白い模様をみせている。扉の
中央は金色ブロンズの精巧な
トロフィー装飾が施されてい
る。部屋のコーナーに置くた
めの家具なので三角柱形であ
る。マリー・アントワネット
のために作られ、コモードな
どとお揃いになっている。

ヌ」という部屋や、女性だけのための小広間「ブドワール」といった親しい
人たちが内輪で集まる快適で小さな部屋も造られた。教養ある大貴族の邸宅
では、出版される書籍が増えたこともあり図書室も造られた。ルイ16世が
王になって真っ先に手を付けたのは自分の図書室であった。また、音楽サロ
ンも造られ、洗練された場所であった。

　全体的に内装はルソーの「自然に帰れ」という思想に、中国風、トルコ風、
ギリシア風、英国風など、色々な風潮が加わった。

　床は従来通りであったが、プライヴェートな部屋では絨毯が敷かれるよう
になった。サヴォヌリーの絨毯は王室専用の高級品であった。

　ボワズリ（壁パネル）は、古典主義建築様式にのっとって配置されるように
なった。腰板の前には家具が押し付けられるが、その腰板の上部には縦の細
い仕切り、または柱頭をいただいた柱がデザインされた。その上にはコーニ
スがあり、天井中央のバラ模様まで古典的な漆喰で装飾された。

　プライヴェートな部屋では、好んで明るい色のボワズリが使われた。だま
し絵の手法も好まれ、大理石、溝彫りのある石積み、浅浮彫などが本物そっ
くりに描かれた。ルネサンス時代に流行したグロッタ模様が、ポンペイ風の
モチーフとともにデザインされた。

　リヨンで作られた絹地が非常に好まれ、壁布や家具にコーディネートされ
た。夏と冬では布地は張り替えられた。夏には厚地の絹織物、インドのシル
ク、タフタなどが使われ、冬にはビロードやダマスク織などの布地が使われ
た。指物細工師は板に少量の綿を載せ、その上に壁布をくるみ、壁に打ち付
けた。釘の頭を隠すために、彫刻して金色に塗った木製の枠を四方に載せた。
カーテン家具なども季節ごとに一斉に模様替えされた。
インド風更紗も流行した。ルイ14世時代にはインドの更紗は輸入禁止で
あったが、18世紀半ばには禁止が解かれ、ヴェルサイユの近くに王立工場

[図10] 半円形のコモード

—

半月形のコモードともいわれる。正面に3段の引き出しがあり、両側面に丸みを帯びた扉が付いている。甲板は白大理石、全体にマホガニーの化粧張りがしてある。金色ブロンズの装飾はシンプルである。

[図11] 平机

—

正面と両脇に引き出しがあり、引き出しの中には筆記用具を入れるための仕切りが付いている。木部の濃い色はマホガニーである。脚は八角形断面で先端にブロンズの飾りが付いている。引き出しはアカンサスの組み合わせ模様が金色ブロンズで精巧に細工されている。ルイ16世の妹エリザベートに収めたものとほぼ同じ。

ができた。そこでは木綿の平織生地にプリントする布地が生産され、特にインド風更紗が好評で、衣類、家具、カーテンなどに使われた。

[ルイ16世様式の家具]

家具の形は曲線から直線がもちいられるようになり、装飾も変化したが、相変わらず家具の種類は多かった。アンティークの模倣は忠実ではなく、遊び心や好みによって自由に作られた。

　ルイ15世様式と同じく、無垢の木の家具にはオークや胡桃の木が多く使われた。マルケトリも多くみられるが、ルイ15世様式よりも題材が地味になり、幾何学模様が多くなった。しかし花束や田園風景がなくなったわけではなかった。

　部屋のボワズリに合わせて、ルイ15世時代同様、家具の色彩や塗装などが選ばれた。広間の椅子も腰板に合わせた高さで壁に押し付けて通常動かさない椅子や、その内側に並べられ会話しやすいような椅子などがあり、人数によって並べ替えられた。

————

ベッド

前の時代同様、様々な名称のベッドが作られた。いずれも木部がほとんど見えないもので、タピシエや刺繍職人が腕を振るった作品であった。ローマ風、中国風、軍隊風、舟形など多様なベッドが作られた。いずれも天蓋の形や、ベッドのボードの違いなどで、その名がつけられた。ベッドは部屋の真ん中の壁に直角に置かれたり、壁に並行して置かれたりしたが、一般的に壁布を張った壁に押し付けて置かれた。寝具を取り換えるために、鉄の枠のついたキャスターが見えないようにつけられていた。

[図12] 王妃風肘掛け椅子
—
肘が後ろに引っ込んでいて、肘当てが付いている。シャポー形の背もたれの上部には鷲が花綱をくわえている彫刻が施されている。脚は縦溝が入っている。木部は金塗装してある。マリー・アントワネットがサン・クルー城の寝室のために注文した6脚の内の1脚。

[図13] チッペンデール風椅子
—
マホガニー製。イギリスのチッペンデールの影響を受けたと思われる。チッペンデールは中国の影響を受けているので、間接的に中国の影響を受けている。また、この頃流行したグリーク・リヴァイヴァルの影響が背もたれの三脚台にもみられる。座はヴァイオリン形で、前方が丸く後方が少し細くなっている。

コモード

便利という意味も持つコモードはこの時代欠かせない家具となり、あらゆる部屋に置かれた。コモードのファサードは、少し膨らみがあるものの全体的に直線的なデザインとなった。側面は常に平らで、脚も直線的である。ファサードはマルケトリで田園風景や神話などがデザインされ縁取りされている。また、セーヴル焼の陶板、日本の蒔絵、後期にはマホガニーが使われた。コーナー家具は、コモードと同じようなデザインで変わらず作られた。引き出しの多い縦長の家具シフォニエも引き続き作られた。

———

デスク

平机やライティング・ビューローもデザインは変化したものの、これらの家具は一般的となってきた。ボヌール・デュ・ジュールとよばれる書き物机が現れ、人気を博した。

———

椅子

肘掛け椅子、椅子、カナペなどの木製の枠は、ワックスをかけられるか、部屋の壁と同じ色に塗られた。この頃からマホガニー製の椅子が見られるようになった。曲がりくねった曲線は消えて、脚はまっすぐで、背もたれは硬く、肘掛けは簡素だった。とはいえ、全体的に優雅なシルエットと、背もたれの頂上に彫刻されたリボンなど多様な装飾がみられる。

———

テーブル

多様な用途に合わせて、多くのテーブルが作られた。やはりほかの家具と同じようにデザインは直線を多用したものとなった。前時代同様、機械仕掛けの家具も引き続き作られた。またダイニング・テーブルも作られた。

指物家具師（ムニュイジェ）

主に無垢の木で作るベッド、椅子などの家具の制作をした。職人で有名なのは、ジョルジュ・ヤコブであり18世紀の最も優れた職人といわれている。

———

象嵌家具師（エベニスト）

縛りつけ、またはマルケトリを施した家具は非常に多く、その装飾は職人たちに遊び心をこめて作られた。マルタン・カルランはセーヴル焼きをコモード、テーブルなどに使い最も贅をこらした家具を作った。ジャン・アンリ・リースナーは王家の注文で豪華な家具を多く作った。

［図14］ボヌール・デュ・ジュール
———
この様式は1765年頃現れ、大変成功を収めた。書き物机で書類棚を備えている。セーヴル焼の陶板がはめ込まれ金色ブロンズで装飾されている。脚はルイ16世様式に引き続きいまだにカーブして、引き出しの下部も曲線を描く。上部にはすかしの入ったブロンズ製の細かい縁飾りがあるが、16世様式の家具の特徴である。（マルタン・カルラン作）

総裁政府様式（1789年–1804年）

［時代背景］

フランスは15年の間、史上最も混乱した時期を迎えた。絶対王政から帝政へと推移し、その間に3つの政治体制が成立しては崩壊した。共和制、総裁政、統領政である。

　ルイ16世やマリー・アントワネットがギロチンにかけられた後も混乱は続いていた。貴族、農民、職人たちを何十万と殺され、中心的なロベスピエールが処刑されると、恐慌政治は終わりをつげ、総裁政府が成立した。独裁を避けるために設けたこの制度もうまくいかず、第2次対仏戦争ではフランス軍は全戦線で敗北し続けた。

　コルシカ生まれのナポレオン・ボナパルトはエジプト遠征軍司令官であったが、祖国の危機を知ると単身帰国した。ナポレオンは、国民の熱狂的な歓迎を受けながらパリに入り、総裁のシェイエスと組んでクーデターを起こした。彼は3人の統領の1人、第1統領になり、統領政府が発足した。ここで事実上フランス革命は終わった。

［総裁政府様式］

革命の嵐はブルボン王朝を倒し、慣用、趣味、装飾、社会の基礎から頂点までひっくり返した。熱狂的で無秩序な人々が目指したものは、旧体制（アンシャン・レジーム）すべての否定であり、平等、簡潔さ、市民道徳であった。新しく生まれた資産家から家具の新しい注文が増えていった。教養も趣味もない人たちは、作品の見た目の良さや製作の速さで仕事を評価した。総裁政府は、この状態を阻止しようと、フランス芸術作品の最初の展覧会を開き、コンクールの賞を与えた。それが当時の様式にこの政府の名前が付

いた由来だろうと思われる。しかし、様式と呼べるようなものは後世に残らなかった。

［総裁政府様式の家具］

経済状況の混乱は、総裁政府様式の家具にも直接影響を及ぼした。つまり、ルイ16世時代の構造のまま、新しい試みはまったくなかった。特筆すべきものとしては、家具に付ける装飾モチーフである。ルイ16世時代に使われていた椰子の木やギリシア風モチーフに加えて、革命とそのシンボルのモチーフ、例えばフィリギ帽（赤いふちなし帽で、自由の象徴）、合わせた手（博愛）、バスティーユ占拠などが流行した。しかし、早々に飽きられ、あっという間に姿を消した。

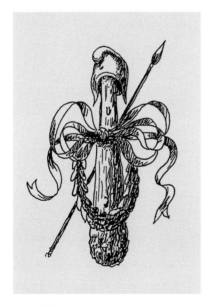

［図15］革命のシンボル

［図16］ヤシの木

アンピール様式（1804年-1815年）

［時代背景］

ナポレオン・ボナパルトは3人の統領からなる統領政府の第1統領になり、圧倒的な権力を持つようになる。

　戦争が続いていたオーストリアやイギリスと条約を結び、ひとまず平和を取り戻した。亡命者の帰国促進、革命期に行われた国有財産の分割売却、ローマ教皇との関係修復、プロテスタントの信仰の自由など、ナポレオンは矢継ぎ早に取り組み、国民の支持を得た。フランス人民法典（ナポレオン法典）を公布し、法の下での平等、自由などの革命の成果が明文化され、その後のフランス社会を規定した。

　1804年、立法府は第1統領ナポレオン・ボナパルトを世襲のフランス皇帝とすることを議決した。彼が目指したのは、統治体制の確立、ヨーロッパにおける軍事的、政治的覇権の確保、そして王家としてのナポレオン家の存続であった。

　国内では、国家に対する貢献度によりレジオン・ドヌール勲章が設けられた。また、未来の担い手を育成するために中・上流階級の子弟のためにリセ（中等学校）が設立された。帝国貴族という称号も新たに作られた。内訳は旧体制の貴族、一般庶民、ブルジョワ階級であり、各階層に目を配り社会的秩序が戻って来た。

　一方、国際関係は緊張度が増してきた。1805年には第3次対仏大同盟が結成され、イギリス、ロシア、オーストリアがフランスに向かってきた。ナポレオンはイギリス侵攻を企てるがネルソン提督ひきいるイギリス艦隊に敗北した。

　ナポレオンはイギリス侵攻を諦め、オーストリアへ軍を進めた。アウステ

[図17] グラン・トリアノンの皇帝の寝室
—

1809年に改装されたもので、壁面にはリヨンの絹地に星形の模様と
ターコイズ色の縁取りがしてある。ベッドのボードは水平面に対し
て垂直である。右手にナイトテーブルのソンノが置かれ、中央の丸
テーブルの後ろには洗面台のついたラヴァボが見える。マホガニー
製のコモードの上にはコーニスまで鏡が張られている。床には絨毯
が張られている。

ルリッツの戦いで、ロシア、オーストリアに圧勝し、オーストリアはイタリアとドイツから撤退した。勢いに乗ったナポレオンは兄をナポリ王国の国王に、弟をオランダ国王にした。大陸ではロシア、オーストリアに勝利したもののイギリスとの戦いは続いていた。

　イギリスを下すためには、フランスの海軍は弱すぎた。そこで考えたのが、イギリス諸島を封鎖することで、大陸の諸国にイギリスとの輸出入を禁止し、イギリス経済を混乱させようとした。ところが穀物輸出が重要であったプロイセン、ロシアが反発した。その上、イタリアやオランダはナポレオンの家族を国王に据えるやり方に反発して、各国でナショナリズムが高揚した。

　ナポレオンは名実共に君主としての権威をますために、糟糠の妻・ジョゼフィーヌと離婚し、オーストリアの皇女マリー・ルイーズと再婚して、オーストリアとの関係を強めた。

　一向にイギリスへの穀物輸出をやめないロシアを制裁するために、1812年、60万の遠征軍がロシアへ侵攻した。ロシア軍は撤退に撤退を続け、フランス軍はモスクワを占領するが、冬支度をしていなかったフランス軍は退却せざるをえなくなり、大損害を出した。各地で反ナポレオンの動きが起こり、オーストリア、ロシア、プロイセンなどの同盟軍にパリは占拠された。ナポレオンは退位し、エルバ島に流された。

　1815年、ウィーンで戦後処理の会議が難航しているときに、ナポレオンはエルバ島を脱出し、軍勢を増やしながらパリに戻り帝政を復活させた。しかし、諸国はワーテルローでナポレオン軍を破り、百日天下は終わり、彼はセント・ヘレナ島へ再度流され、その地で死去した。

[図18] マルメゾン城の会議室

—

内装はテント風にデザインされている。あたかも戦場のテントで会議をしているようである。ドアはマホガニー製である。飾りのないシンプルな鏡が暖炉の上に装飾されている。テーブルはマホガニー製で、脚はライオンの半身像である。

[図19] ナポレオンの紋章

[図20] 蜜蜂

［アンピール様式］

この様式は、ナポレオン主導のもとに、ナポレオン帝国の威厳、荘厳さを表現するために構想された。自分の天才にふさわしいと思われる装飾を施すにあたって、ナポレオンは行政や民法典についてそうしたように、この方面でも力を振るおうとした。

自分にふさわしい装飾としては、今までのような優美で気品の溢れる伝統を無視して、アレクサンドロス大王の征服、カエサルの光輝く偉業、ファラオ達のエジプトなどが題材であった。あらゆる芸術活動を専制的に集中させた。建築家のシャルル・ペルシエとピエール・フランソワ・レオナール・フォンテーヌ、画家のジャック・ルイ・ダヴィッドのもとで管理され、指導された。

古くからの美術学校や伝統的な同業組合は廃止されたが、展覧会が開かれ、皇帝の官吏達がナポレオンの方針にあう作品に報奨金やメダルを与えた。新興貴族や、帝国の絶え間ない戦争で富を得た金融や商業に携わる人々が、こぞってこの新しい様式の家具を買い求めた。

しかし、この様式が偉大な征服の時代にこれほど深く調和したものでなかったら、皇帝の専制政治下とはいえ、その成功はここまで大きくはならなかっただろう。

この様式は旧体制のあらゆる軽薄な優美さ、ブルボン王朝の退廃的な遺産を思わせるものすべてを否定した。ゆったりとして飾り気のないライン、滅亡した偉大な諸文明からヒントを得た装飾、製作された質の高さが、この様式を際立たせている。

［図21］ コンソール

———

イチイの根を化粧張りし、金メッキしたブロンズ装飾がデザインされている。古めかしく加工した翼のあるキマイラが支柱となっている。奥に鏡が張られている。

［図22］ ボヌール・デュ・ジュール

———

ルイ16世様式の優雅で軽い家具とは全く違っている。マホガニーに金色ブロンズの神々が扉に、上部にはエジプトの女身柱、引き出しには古代の神話とヤシの木、脚の上部には被り物をかぶったライオンが施されている。まったく関連性はないが、どれもナポレオンの好みと思われる。

［内装］

1800年頃から、経済的な理由もあってボワズリは壁布に代わっていった。この壁布はドレープさせたり、テントの内部を真似たり、多様な張り方をした。そして、アンシアン・レジームの時のように季節ごとに張り替えることはなかった。

天井の低い部屋では腰板をなくして、幅木まで布が張られることがあった。その場合には、コンソールの間から壁布が見えることを防ぐために、コンソールの奥に鏡を張った。

ドアはマホガニーなどの濃い色の木製であり、ドアの上部には絵画、アラベスク模様、見せ掛けの浅浮き彫りなどで飾られた。

［アンピール様式の家具］

古代ギリシア・ローマ芸術の影響を受けて、アンピール様式は無駄がなく量感的であり、ナポレオンの威厳に奉仕する荘厳さを備えている。家具はいくらか堅苦しいが堂々としている。平面的な外観、刳り形装飾を省いたことで、今までにない、まったく新しく美しいとも言える壮大さがみられる。

これらの家具は正面から見られるためにデザインされたインテリアの主要な要素であった。18世紀にみられた、限られた用途の小さい家具は少なくなった。

マホガニーは最もよく使われた木材である。高級な家具はマホガニーの無垢材で、その他は化粧張りにして使われた。1810年の大陸封鎖の結果、マホガニーが手に入らなくなり、胡桃材、ブナ材などが使われた。

マルケトリは完全に姿を消し、その代わり、繊細な縁取り、線、冠、バラ模様などの象嵌細工が使われた。

ブロンズは金色、艶消し、光沢のあるものが繊細に彫金され、家具の唯一の装飾となった。これらは、あくまでも装飾であり、家具の平らな表面に左

[図23] プシシェ

―

鏡の枠はマホガニー製で、金メッキした
ブロンズのパルメットの帯状装飾が施さ
れている。支柱の上には古代風の器が載
り、燭台が付いている。脚には、キャス
ターが付いているので、動かすことがで
きる。

[図24] ゴンドラ形の肘掛け椅子

―

建築家のペルシエがデザインした。肘
にはマホガニー製の白鳥の首と翼がデ
ザインされ、白鳥の頭部は艶消しのブ
ロンズ製である。1804年にサン・クルー
城の皇后ジョゼフィーヌのブドワール
に収められた。

第4章 ｜ 新古典主義（18世紀後半－19世紀頃）

右対称に配置された。

　装飾モチーフは、ブロンズ、布地、装飾美術、室内装飾すべてに共通し、この様式に統一性を与えている。ナポレオンはルイ14世のように自らの紋章を作った。この紋章は、ワシ、蜜蜂、星、I（古代ローマの皇帝）、N（ナポレオン）などで、皇帝の冠に不可欠であった。

―――

ベッド
アルコーヴに置かれる場合も、そうでない場合もベッドは片側のみからみられるものであった。そのため、ベッドは片面しか装飾されなかった。たいてい、ベッドのボードは水平面に垂直に立てられ、頭の方も足下の方も同じ高さであった。

―――

コンソール
この時代のコンソールは堅苦しく、荘厳な感じを受ける。大理石の甲板は、ブロンズ装飾を施した幅の広い幕板に支えられている。4本の脚は厚い木製の台輪の上に載っている。以前の貫に取って代わったものである。前脚は先細形のスフィンクス、または女身柱が多い。後ろ脚の間には鏡が張られることもあった。

―――

デスク
シンプルな平机に加えて、8本脚のビューロー・ミニストルが復活した。シリンダー式ライティング・ビューロー、上げ蓋式ライティング・ビューロー、ボヌール・デュ・ジュールなどは相変わらず作り続けられた。ただし、素材、デザイン、装飾がアンピール様式であり、一目で前時代のものと区別がつく。

［図25］アテニエンヌ
—
ラヴァボともよばれる洗面台
である。ペルシエがデザイン
したもので、ポンペイやエル
コラーノの発見により、その
ころの家具の影響を受けて
いる。金メッキしたブロンズ
の白鳥、ドルフィン、ライオ
ンのかぎ爪で装飾されてい
る。銀製の洗面器と水差しが
置いてある。ナポレオンはセ
ント・ヘレナにも、このアテ
ニエンヌを持参し、死ぬまで
使った。

プシシェ

ギリシア神話に出てくる美しい女神プシュケから名前が付けられたと思われる、姿見のような大きな鏡の付いたプシシェは、この時代にごく一般的になった。鏡は長方形か楕円形で、それを支える両側の支柱の中程に燭台用のアームが取り付けられている。彫金したブロンズの装飾が施された。

―――――

椅子

前時代と同じように、椅子の種類は、肘掛け椅子、椅子、タブレ、カナペなどであるが、ほとんどの場合、マホガニーで作られ、それまでよりも重く、扱いにくく幅も広くなった。前時代の優雅さが重厚さに取って代わられた。

―――――

テーブル

ほとんどの場合、丸形でマホガニー製のゲリドン（燭台用の丸テーブル）が多かった。

フラワーボックス、テーブル、化粧テーブルとしても使われた丸形のテーブルは、甲板は大理石で3本脚であった。同じような形で、アテニエンヌまたはラヴァボとよばれるものは、上部に洗面器、下部に手つきの水差しをおくための洗面台である。

アンピール様式でソンノとよばれるナイトテーブルは、マホガニー製で、大理石の甲板がわずかに立方体の上に載っているだけのシンプルなデザインである。

―――――

たんす

この時代のたんすには、ほとんど飾りはなく、剝り形もない無地の大きな扉がついていた。円柱形の支柱に金色ブロンズの装飾がついていた。

［図26］宝石用たんす

—

高さ2.7m幅2mの巨大な宝石用のたんすは、非常に贅沢な作りとなっている。イチイ、紫檀、真珠母、精巧な金メッキしたブロンズが使われている。中央にはヴェニュス誕生がデザインされている。扉を開けると何段もの薄い引き出しが宝石を収めるように作られている。ペルシエが総監督をして、皇后ジョゼフィーヌに収められた。

歴史主義（19世紀─20世紀頃）

第5章

時代背景

ヨーロッパ中にその名を轟かせた15年間のナポレオンの時代は、1815年の夏の初め、ワーテルローで終わった。革命でフランス中が大混乱し、今度は戦争で明け暮れたナポレオンの後、フランスは平和と休養を望んでいた。

ルイ16世の弟プロヴァンス伯は、ルイ18世としてパリで迎えられ王政復古となった。

ルイ18世が死去した後には、その弟のアルトワ伯がシャルル10世となった。彼は旧体制への回帰が著しく、国民の反意が強まり、亡命せざるを得なかった。

次にたてられたのが、ルイ14世の子孫にあたるオルレアン公ルイ・フィリップであった。この時代を7月王政というが、初めから議会は様々な党派に分かれ混とんとした船出であった。1848年2月には凶作も相まって不満が高まり、政府反対派の人々が官邸へ突撃してきた（2月革命）。ルイ・フィリップはイギリスへ亡命した。臨時政府などがたてられ、政治は混とんとする。

その次に現れたのは、ナポレオンの甥にあたるナポレオン3世である。約20年間統治したが、前半は鉄道、道路などのインフラや、パリの大改造に手を付け、巨額の資本が投下され、経済は発展した。後半はプロイセンと戦争し、皇帝自身が捕虜となり、パリが陥り、新政府がプロイセンと調印し、第3共和政の時代となる。

歴史主義建築

19世紀になると、産業革命により近代国家の基礎を固める時期になった。文化的アイデンティティーを歴史に求めるようになり、建築的表現も考古学的正確さを追求するようになっていった。建築家は歴史研究と共に、歴史的建築の修復設計にもかかわり、過去のあらゆる時代の建築が「様式」として研究された。それらの「様式」は新築設計にも重要な参考となった。

つまり「ネオ・ロマネスク様式」、「ネオ・ゴシック様式」、「ネオ・ルネサンス様式」、「ネオ・バロック様式」、「ネオ・ロココ様式」、また色々な様式を組み合わせた「折衷主義建築」などが現れるようになる。

そして、産業革命によってもたらされた工業的構造の可能性と、歴史的「様式」の装飾がうまくかみ合ったところで、新しい世界が広がっていった。

ゴシック・リヴァイヴァル

古代ギリシア・ローマ文明の読み直しが、思想や考古学的見地から行われた。古典主義様式が異教である古典古代に由来するものに対して、ゴシック様式はキリスト教のフランスで誕生し、その頃台頭してきたナショナリズムを体現するものでもあった。

古典主義の時代には見向きもされなかったゴシック建築が見直されるようになった。その構造の合理性は優れているし、敬虔なるキリスト教信仰が輝いた中世を体現する建築として再評価されたのである。このようにして、ゴシック・リヴァイヴァルは3つの側面から行われた。

ゴシック様式による新築、ネオ・ゴシック様式による新築

未完成だったゴシック聖堂の建設再開

既存のゴシック建築の修復事業

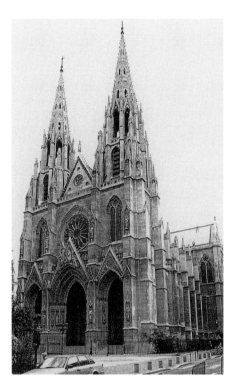

［図1］　サント・クロチルド聖堂
—

中世のゴシック建築では建設に長い時間がかかり、ファサードが左右対称でなかったりするが、ネオ・ゴシック建築の場合は、一気に建設するため、様式的統一感が際立っている。また、ネオ・ゴシックの場合は必ずバラ窓が付いている。19世紀半ば。

［図2］　パリのノートル・ダム大司教
　　　　座聖堂の修復
—

フランス革命で旧体制に関するものは破壊された。『中世建築事典』を著わしたヴィオレ゠ル゠デュクが修復に取り組んだ。それは彼が考える理想のゴシック建築であり、中心部に聳え立つ尖塔が新たに造られた。

折衷主義建築

過去の様々な建築様式が復活したが、そのような時期に過去のいくつかの様式を折衷させて、オリジナルな独自の様式を創ろうとした。

ネオ・バロック様式

バロック時代の特徴である、両翼が突き出る設計であることや、ジャイアント・オーダー、双子柱などの要素がファサードなどにみられる。パリの北駅、駅舎であったオルセー美術館のファサードなどにネオ・バロック様式がみられる。

ネオ・ルネサンス様式

ルネサンス時代の特徴としては、3層構造、アーチ、アーケード、ジャイアント・オーダーなどがみられる。ルーヴル宮殿西側ファサードは、裏側にある時計のパヴィリオンをそのまま踏襲している。1階がコリント式、2階がコンポジット式、3階がレリーフを施したアティックとなっている。そのデザインはレスコ棟のデザインを巧みに使ったものである。

鉄とガラスの建築

19世紀はあらゆる様式を取り込む歴史主義建築の時代であったが、産業革命の時代でもあった。鉄とガラスは従来使われていたが、大量生産されるようになると、それらを駆使する動きも出てきた。エッフェル塔はパリ万国博覧会のために、世界で最も高い塔が鋼鉄で造られた。パリ北駅は歴史主義建築であるが、ガラスをふんだんに使っている。駅舎であったオルセー美術館もネオ・バロック様式がファサードにみられるが、内部は鉄とガラスを使った明るいアーチ状になっている。

[図3]　サクレ・クール聖堂ファサード

―

　モン・マルトルの丘の上に聳え立つ白大理石の建物は、大小のドームがありネオ・ビザンツ様式を大枠としながら、ディテールには半円アーチやロンバルディア・バンドがみられネオ・ロマネスク様式を用いた折衷主義建築である。

［図4］　パリ・ガルニエ（パリ・旧オペラ座）

—

　設計コンペにより無名のシャルル・ガルニエが、ネオ・バロック様式
の建物を設計した。基壇仕上げの1階の上にコリント式ジャイアン
ト・オーダーの双子柱のある柱廊がある。内部はバロック的な馬蹄形
の観客席、観客が集うホワイエはコリント式の双子柱、鏡、スタッコ
装飾、豪華な天井画など、ヴェルサイユ宮殿の鏡の間をほうふつとさ
せるきらびやかなものである。

[図5] パリ市庁舎のファサード
—
ナポレオン3世失脚の後、パリ・コミューンの本部が置かれていたが、焼失。焼け残った石造部分を利用して再建した。ルネサンス様式の構成とゴシック的要素を融合している。

[図6] サント・ジュヌヴィエーヴ
　　　図書館
—
パンテオンの左側にあるこの図書館のファサードは、半円形のアーチが連なりネオ・ルネサンス様式である。

[図7] 同上図書館の内部
—
コリント式のオーダーがみられるもののヴォールト状のガラス屋根は鉄製横断アーチで支えられている。歴史的建築物と工学的構造の建築物の過渡期の新しい試みである。

王政復古様式 (1815年–1830年)

[時代背景]

ルイ16世の弟プロヴァンス伯はナポレオンが退位すると同時にロンドンから戻り、ルイ18世として即位した。ブルボン家の王政復古である。議会も上院、下院からなる2院制となり、平和と秩序を望む人々は、立憲王政なら大丈夫だろうと王政復古を支持した。ところが選挙をしてみれば、今までなりを潜めていた、革命前の旧制度を復活させようという極右党が力を強め、出版の自由などが制限されるようになった。ルイ18世は1824年に死去。

王弟アルトワ伯がシャルル10世となった。兄のやり方を生ぬるいと考えていたシャルル10世は、極右党の内閣を支持し、議員も亡命貴族が半数以上を占めた。没収された亡命貴族の土地に対して賠償金を払うなど旧体制への回帰が著しかった。カソリックも教皇権至上主義が復活し、王権と教会との間柄が復活した。軍や高官についても貴族が優先的に抜擢された。国民の反意が強まり、パリでの市街戦（7月革命）となり、王は亡命せざるを得なかった。

[内装]

それまでの壮大な、そして豪華なアンピール様式よりも、優雅さ、洗練さ、繊細さを求めるようになった。マホガニーよりも淡色の木材が好まれ、青銅で飾った大きな家具よりも、小さめで象嵌された上品な家具が好まれた。けれども、アンピール様式の影響があまりにも強く、アンシアン・レジームの時代の好みに戻ることはできなかった。

シャルル10世の時代になって、ネオ・ゴシック様式やネオ・ルネサンス様式の内装もみられるようになった。

[図8] ベリー公夫人の寝室
—

王室で唯一家具や衣装に関心を持った人物であった。白モスリン
とピンクのカーテン。壁、カーテン、家具などにお揃いの花柄の飾
りがついている。家具などは明るい色が使われている。

　　　　　　　　　　第5章 ｜ 歴史主義(19世紀－20世紀頃)

［王政復古様式の家具］

アンピール様式の構成をそのまま受け継いでいるものの、趣味の良さと優雅さで、それを和らげている。狭くなった部屋に合わせて、家具も小さくなり、明るい色の木材に濃い色の木材を象嵌したものがよく使われた。控えめな洗練された装飾は、繊細で質の良いものであり、バラ模様、シュロの葉模様などが特徴的である。

［図9］　チュイルリー宮の書斎、ルイ18世
—
ワシやミツバチなど、ナポレオンゆかりの紋章を外しただけの家具を使った。

[図10] ベッド

—

楕円形のベッドは2段の台の上に載っている。1827年のフランス産業製品博覧会で銅メダルを取った作品。ニレとトネリコの杢に紫檀で、月桂樹の枝などを象嵌してある。

[図11] 肘掛け椅子

—

包み込むようなゴンドラ形の背もたれで、快適さを求めたデザイン。カーブを描く肘の先端は長い渦巻状になっていて、コンソール形で受けている。前脚もコンソール形で、後ろ脚はサーベル形である。トネリコの杢にブラジル産の濃い色のアマラントで象嵌。

ルイ・フィリップ様式（1830年-1848年）

［時代背景］

1830年に即位したオルレアン公フィリップは、ルイ14世の王弟フィリップから始まる家系であるが、父親がルイ16世の処刑に賛成し、ルイ・フィリップも革命軍に従軍したことから、ブルボン家には嫌われ、公職には就けなかった。7月革命で「人民の王」となったルイ・フィリップの新政府は人民の権利と自由を尊重し、神授王権は否定し、改正された憲章は、王による統治の条件としての契約であった。

　フランスの産業はイギリスほど発展はとげなかったものの、銀行家や大商人は鉄道、製鉄業、繊維工業に資本を投入した。生産は増大し、富裕市民は、ますます巨利を得た。反面、間接税、政府の公債発行とその相場の急激な変動から、中小市民の不満がたまり、それに加えて虐げられた職工などが声をあげ、凶作も相まって反乱がおきた。2月革命である。王はイギリスへ亡命した。

［ルイ・フィリップ様式］

この様式を支えたのは、忙しく富裕なブルジョワ階級であった。彼らは快適さを願うとともに、貴族の文学的教養を持ちたいと願った。それは近代的なものに対する軽蔑へとつながった。新しい家具は、ゴシック、イスラム、中国などからヒントを得た装飾がなされた。快適さ、製造の技術は良いものの、独創性に乏しいものとなった。

[図12] ブドワールの提案

—

ネオ・ゴシック様式からヒントを得ているものの、ディテールは本物とは違う。歴史的な様式を取り入れることが流行であった。

[図13] 食堂の提案

—

花綱とリボンがデザインされた布地が壁に貼られている。ドアの前には同じ布でたっぷりとしたカーテン、窓には椅子と同じ布でカーテンが掛けられている。高価な布地が多く使われた。

［内装］

王政復古時代に表現されたネオ・ゴシック様式は引き続いたが、やがてルネサンス、ルイ 13 世風、ルイ 14 世風がブームとなった。ロトシルト男爵夫人はゴシック・ルネサンス風のサロンを自慢し、作家のウジェーヌ・スーはルイ 13 世風の食堂を誇り、ルイ・フィリップの娘のマリー・ドルレアンは、ルネサンス風のサロンで客をもてなした。

［ルイ・フィリップ様式の家具］

アパルトマンの部屋数が少なくなったことと、部屋の寸法が小さくなったこと、使用人の数が減ったことなどから、部屋の中の家具の配置も変わっていった。アンシアン・レジームの頃は、椅子は壁に押し付けて置かれ、使用するときに部屋の中央に人数によって、また王族か公爵夫人か、その位によって使用する椅子も違っていた。

この時代になると、「芸術家風」と呼ばれる家具の配置が普及した。それは、暖炉の上に一対のガラスの覆いを付けたランプを載せ、その両側にヴォルテール型の椅子、またはゴンドラ形の椅子を置き、そのそばに色々な用途のテーブルを配置するというものであった。

椅子は動かしやすいように、脚にキャスターを付けたり、時には背に取っ手を付けたりした。王政復古様式とは違って、濃い色の家具がはやり始めた。紙粘土（パピエ・マシェ）の表面を黒く塗って真珠母（螺鈿風）で飾ったものや、黒檀を真似て梨の木を黒く塗装したものまで現れた。

また、ツインベッド、化粧台兼チェスト、鏡付き戸棚など、市民階級の快適さのシンボルとして現れた。

[図14] ヴォルテール型肘掛け椅子
—
富裕市民層の快適さを求める好みが、詰め物をした椅子を多く産み出した。この椅子は座が低く、肘には肘カヴァーが付いている。背もたれは高く、腰の位置でカーブを描き、座り心地に配慮している。脚はろくろ細工をした手摺り子形の前脚、後ろ脚はサーベル形である。動かしやすいようにキャスターが付いている。

[図15] ナイトテーブル
—
クルミの杢で張られた、この家具には引き出しが2段あり、カーブした脚は円形の棚を挟み込むようにまとめられている。富裕市民層の室内には小型テーブルが無数に置かれた。小物置きテーブル、作業用テーブル（裁縫）、植木鉢用テーブル、ゲリドン、ゲームテーブル、バルビエール（男性用鏡台）、コワフーズ（化粧台）などなどである。

ナポレオン3世様式（1848年–1870年）

［時代背景］

ルイ・フィリップが亡命した後、新議会の選挙に先立ち大統領選挙が行われた。ナポレオンの甥であり『貧困の絶滅』を著わしたルイ・ナポレオンは各層から支持されて大統領になった。

ルイ・ナポレオンは再選が禁じられていた任期の延長などを認めさせるため、現職大統領によるクーデターをおこし、国民投票などを経て、正式に皇帝ナポレオン3世となり、約20年間フランスを治めた。

第2帝政の前半は、皇帝が強い力を握り、政治、経済が安定した。鉄道、道路などのインフラや、パリの大改造に手を付け、巨額の資本が投下され、経済は発展した。

後半は、ナポレオン3世の自信の表れか、議会主義に基づく方向へと向かう。出版など色々な規制も緩和される。ところが、これが裏目に出て、政府支持が減少する一方、野党が大幅に増えることになる。また、スペイン王位継承という利益にもならないことに関して、不手際な外交でプロイセンのビスマルクと戦争をすることとなったのも大きな痛手となった。準備の整っていないフランス軍は降伏し、皇帝までもが捕虜となった。1870年であった。フランス国民はプロイセンに対して抵抗を続けたが、パリが陥り、新政府がプロイセンと調印し、第3共和政が発足した。

［ナポレオン3世様式］

この様式は、素材、装飾についても独自のものがないということで、最も特異な様式である。反対にすべてが以前の様式から借用されている。それもゴシック、ルネサンス、レジャンス様式、ルイ15世、ルイ16世、それに中国

[図16] 皇后ウージェニーのベッド
—

4本の支柱に支えられた天蓋では皇后のイニシアルをキューピッ
ドが守っている。中世からロココまで様々な要素が入り混じって
いる。4本のむき出しの柱は中世風であるが、当時金属製の柱はな
かった。ベッドの足元のボードも白地に金の装飾はロココ風であ
るが、当時そのようなベッドはなかった。唯一オリジナルなのはボ
タン締めの椅子類である。

　　　　　　　　第5章 ｜ 歴史主義(19世紀－20世紀頃)

や日本美術が同時に流行した。その結果、贅沢さ、豊富さ、折衷趣味が行き過ぎているようにみえるが、また魅力的な印象も与える。

　セーヌ県知事オスマン男爵の下で、パリ大改造がなされ、都市全体が再構築され、新しい館やアパルトマンの家具のために家具職人や指物師たちは多くの家具を作り、雑然と様式が混ざり合った、混とんとしたものが、知らないうちに、この時代の様式となっていった。

[内装]

ナポレオン3世は、ナポレオン1世のように皇帝が様式を示すということもなく、芸術一般に興味を示さなかった。そのため、美術大臣と皇妃に任せた。皇妃は、装飾に対する愛着とマリー・アントワネットに対する盲目的な崇拝から、不運の王妃を記念してプティ・トリアノンで展示会を行った。その成功から「ルイ16世・アンペラトリス」と呼ばれる様式が誕生した。オスマンの都市計画により、天井の高さは3.5メートルと決められ、腰板の高さは0.9メートルから1.2メートルとなったので、家具の高さと腰板のバランスが崩れるようになった。

　また、工業化が進み、幅や長さのサイズが大きい布が織られるようになり室内にたっぷりとした布地を使うことが多くなった。毛足の長い絨毯も幅の広いものが機械で作成できるようになった。そのため、カーテンのドレープ、壁布、家具の張地などをコーディネートすることにより部屋の雰囲気を作り出すタピシエ（布張り職人）の役目が注目される。

[ナポレオン3世様式の家具]

機械式の工具が一般化し、あらゆる職人技術に適用された。刳り形、羽目板、旋盤加工などは部品ごと、つまり支柱、脚、横木、装飾部が別々に作られ、

［図17］ ルイ16世・アンペラトリス様式（バラン夫妻のサロン）

―

コリント式の円柱が天井を支えている。暖炉の上の大きな鏡、ボタン締めの椅子類、たっぷりと布を使ったカーテン類。絨毯は、あえて反対色の赤を使って内装を引き立てている。

組み立てられた。一方皇帝お抱えの家具師たちは高級家具の伝統を維持していた。

　この時代ほど、様々な素材や様式を取り扱ったことはなかっただろう。今まで使われていたものに加えて、イギリスから広まった紙粘土（パピエ・マシェ）が流行した。紙の生地と膠の混合物を整形して椅子、小型テーブル、その他小さな家具を作り螺鈿をはめ込んだりした。

　ほかには、皮革紙（パピエ・クイール）があげられる。牛革を煮たもので紙粘土と同じように使われた。

　電気メッキの技術が発達し、ブロンズに金メッキすることが安価に出来るようになり、装飾だけでなく、家具自体にも使われた。鋳鉄も低価格で製造され始め、家具の脚に多く使われた。

　様式としてもルネサンス、ルイ15世、ルイ16世様式の強い影響を受け、それらをアレンジして使った。

　また、皇后ウージェニーの好みから、「ルイ16世・アンペラトリス」という様式も生まれた。マリー・アントワネットを崇拝していた皇后は、装飾に花束、鳥、パゴダ（仏塔）などを取り入れ、東洋風の家具には人物像などもみられる。中でも最も個性的なモチーフは丸テーブルなどに使われている黒人像柱である。家具製作者のクロエ兄弟は、1834年の博覧会で注目を集めた。ルイ16世様式を好んでいた皇后のために、見事な複製品を作ったほか、宮殿の大部分の家具を手掛けた。

[図18] パリの大蔵省のサロン
—

巨大なシャンデリアの下にカナペ4台が上から見て円形になるよう
並べられている。ロココを思わせる白と金の羽目板とドアやたっぷ
りしたカーテンが、目を引く贅沢さと派手さを醸し出している。

[図19] サロン用家具
—

ブール風のこの家具は全面だ
け赤い鼈甲と銅を使って装飾
されている。その両脇にはカ
リアティッドが上部に、下部
にはアカンサスの葉模様が金
色ブロンズで飾られている。
側面には黒塗装した上に女性
のマスカロンが付いている。
この時代もシャルル・ブール
の手法が継承されていた。

ベッド

一般的に黒檀、濃い色の木材、または鋳鉄で作られたものがあった。ヘッドボードは足側のボードより高く、ベッドの脚は低い。様式は銅や鼈甲を使ったシャルル・ブールのようなマルケトリ、ロココ、アンピール、重々しい天蓋のついたルネサンス様式のものがみられる。

———

玄関、サロン用の家具（腰板の高さの家具）

この家具は、コモードと低い食器棚の影響を得ている。玄関やサロンなど人を迎える場所に置かれた。大半はブールかルイ16世様式から発想したものであった。扉の全面は特に豪華で手の込んだ装飾がなされた。

———

デスク

大型のデスクはアンピール様式のものとあまり変わらないが、多く使われた。ライティング・ビューローはルイ15世風のものが多かった。ボヌール・デュ・ジュールも流行したが、ルイ15世風にアレンジした貝の象嵌、陶板の嵌め込み、竹を模したブロンズ装飾などがみられる。

———

椅子

この時代に、椅子の種類が多く作られたことは特筆すべきことである。その中にはルイ15世様式やルイ16世様式の忠実なコピーも含まれているので、現代でもコピーかどうか、見分けるには慎重さが必要だ。

———

テーブル

テーブルは、ゲリドン、コンソール、小テーブルなどが様々な様式で作られた。

［図20］ボヌール・デュ・ジュール
—
ルイ15世様式の家具は人気があったが、それにアレンジしてガラスケースが付いている。バラの木と紫檀でできた家具には金色ブロンズの飾りがついている。脚はルイ15世様式そのものであるが、テーブルの縁についている卵形装飾はルイ16世様式である。

［図21］パピエ・マシェの椅子
—
イギリスから入ってきた紙粘土と膠を混ぜ合わせるパピエ・マシェで造形したこの椅子には黒く塗って螺鈿が施されている。非常に軽くて丈夫な椅子は流行した。前脚はルイ15世風で、座はこの時代によく使われたボタン締めである。

第5章 ｜ 歴史主義（19世紀－20世紀頃）

［図22-1］鉛直に立てられる
　　　　　　ゲリドン
—

甲板の下の柱に蝶番がつけ
られて甲板を垂直に立てるこ
とができる。オーク材に黒色
塗装をし、螺鈿が施されてい
る。中央には2羽の鳥が描か
れ、その周りをバラの花綱が
囲んでいる。手摺り子形の柱
に3本脚が付いている。

［図22-2］鉛直に立てられる
　　　　　　ゲリドン
—

甲板を水平にしテーブルとし
て使用した。

[図23] アンディスクレ
　　　　（口の軽いの意味）

—

背もたれは上から見ると3枚
羽のプロペラのような形をし
ている。脚はルイ15世風で
キャスターが付いている。全
体は張りぐるみでボタン締め
である。互い違いに座る同じ
ような形の2人掛けもある。

[図24] ルイ14世風テーブル

—

甲板は黒檀に象牙でアラベ
スク模様が象嵌されている。
4本の脚は金色ブロンズのキ
マイラで中央の器をおいた貫
でつながっている。ナポレオ
ン3世様式の典型的な特徴は
キャスターが付いていること
である。

20世紀前半

第**6**章

時代背景

第3共和政

ナポレオン3世の敗北、帝政の廃止に続き、パリで蜂起がおこり、共和政が宣言された。第3共和政の始まりである。前に首相であったティエールが代表となり、アルザス、ロレーヌの割譲や50億フランの賠償金を含むプロイセンとの仮講和条約が結ばれた。

　プロイセンがパリに入城するとパリの人々が結成した国民衛兵委員会が立ち上がり、労働者の自治政府パリ・コミューンが宣言された。ちなみにプロイセン軍は形だけパリに入りすぐ撤退した。ティエールは正規軍を使って収めようとするが、うまくいかずヴェルサイユに政府を移す。ヴェルサイユから再び正規軍がパリへ突入し、コミューン兵と市街戦となり、コミューンの抵抗は終わった。しかし、3万人の犠牲者とチュイルリー宮殿、市庁舎などが焼失した。

　その後も政局は不安定ではあったが、敗戦後10年もたつと産業は復活していった。また、第3共和政では共和政のもとに国民を統合するために多くのことがなされた。まず、国歌「ラ・マルセイエーズ」、革命の記念日7月14日が決められた。教育も今まで司祭が行っていたものを宗教とはなして初等教育を受けさせるようにした。政教分離が行われ、教会財産の国家による収用、聖職者の政治活動禁止などを決めた。徴兵制度も定められた。

第1次世界大戦

オーストリアの大公がセルビアの一青年に殺された事件をきっかけに、ドイツがオーストリアに加担し、セルビア側にはフランス、ロシア、後にイギリスも加わり戦争になった。1914年夏に始まった戦争は簡単に終わると誰も

が思っていた。ところがドイツ軍はベルギー、フランス北部に侵入し膠着状態になった。1917年、ロシア革命によりロシアが離脱、それに代わってアメリカが参戦し、フランスはやっと反撃に成功した。1919年にはヴェルサイユ講和条約が結ばれ、アルザス、ロレーヌはフランスに戻り、莫大な賠償金が決められた。

　大戦を通じてドイツ、オーストリア、ロシアの王朝が倒れ、ソ連が誕生した。英独仏の中で戦場となったのはフランス北部で、フランスの兵士は140万人の死者をだした。

第2次世界大戦

ドイツではヒトラーが独裁者になり、ムッソリーニはエチオピアの奪取を企てた。アジアでは日本が満州国を建設し、日独伊のファシスト連携が不穏な空気を醸し出していた。戦争を避けたいフランスはそれでもヒトラー率いるナチス・ドイツとミュンヘン協定を結び宥和政策とした。ところが1939年3月ドイツは協定を無視して、チェコ、ポーランドにも侵入した。

　フランスはドイツに宣戦布告し、第2次世界大戦が始まった。1940年ドイツ軍はベルギー、オランダ、ルクセンブルグに侵攻、パリに無血入城した。副首相であったペタンが休戦を推し進めた。ドイツは、アルザス、ロレーヌを併合し、パリを含む北部をドイツの直轄の占領地域とした。南部は自由地域とし、ヴィシーでペタン政府が新憲法を成立させ、第3共和政は終わった。

　休戦後のヴィシー政権は親独的な妥協政策をとり続けたが、国外ではロンドンでド・ゴールが国内のレジスタンスとも連絡して反ナチの運動を組織した。総司令官のアイゼンハワー率いる連合国軍はノルマンディに上陸し、パリはドイツ軍の撤退でフランス人のもとに還り、ド・ゴールは凱旋した。米ソ両国はドイツを両方から攻め、ヒトラーは自殺し、無条件降伏した。

［図1］　ヴィラ・ラ・ブリュエット（ギマール設計）
—

　パリのメトロの入り口の設計で有名になった彼は、様々な試みをしている。2階のバルコニーから左斜めに出ている3本の柱など、左右非対称でありながら、なんとなくバランスを保っている。

[図2] ユオ邸の細部
—

ナンシー派の建築家エミール・アンドレ
設計のバルコニーの細部。窓枠や、窓の
木部、床下の換気口まで、アール・ヌー
ヴォーのデザインが面白い。

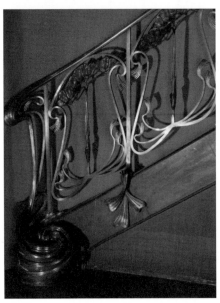

[図3] 階段の手摺り
　　　　ルイ・マジョレル作
—

鋳鉄と磨いた銅の手摺りではルナリア
とよばれる花の装飾の周りをランソー
模様が取り囲んでいる。手摺りの刳り
形は幅広くなり、下部は渦巻となって終
わっている。

［図4］　暖炉

ジャック・グリュベール作

—

ナンシー派の作者は彩色ガ
ラスと彫刻した木部との組み
合わせを得意とした。樹木の
背景に見える彩色ガラスの
湖、山並み、微妙な色の空が
美しい。

アール・ヌーヴォーの建築

鉄とガラスの建築の出現に対して、建築から芸術性が失われていくのではないかという危惧も起こってきた。アール・ヌーヴォーは、サミュエル・ビングがパリに設立した「サロン・ド・ラール・ヌーヴォー」に由来したものである。その店ではナンシーのエミール・ガレのガラス製品、イギリスのウィリアム・モリスの職人の手になる工芸品、ベルギーのアンリ・ヴァン・ド・ヴェルドの家具など様々な国の新しい様式の工芸品などを紹介し、アール・ヌーヴォーの動きが出てくる。フランスでは日本の芸術に対する関心も高まり、浮世絵などをはじめとし、工芸品にも芸術性の高さが注目された。このような動きをジャポニスムというが、アール・ヌーヴォーにも影響を与えた。

建築面では、装飾的な鉄細工、曲がりくねり、膨れた、繊細でかつ強調された植物装飾などを組み込んだものが表れ、1895年から1910年頃までヨーロッパ大陸で大変流行した。

　最も有名で成功した建築家はエクトル・ギマール（1867-1942）であり、パリに行けばメトロの入口で見かける鋳鉄製の植物の茎が優美な姿を見せている。

アール・ヌーヴォー様式の内装と家具

1900年の初めは、多くの国から、あらゆる様式の模倣が行われた。古代やルネサンス初期の様式が特に高く評価され、スペイン、イタリア、イギリスの影響もうかがえる。この時期はすべての独創性を拒否するようにみえる。そして、この時代に試みられた唯一の新しい様式、つまりアール・ヌー

［図5］　食堂の提案
　　　　　エミール・ガレ

—

パリのボザールに出したもの
で、水彩画で描かれている。
食器棚は左右に膨らみ、ガラ
ス戸棚には蔓のようなデザイ
ン。花をかたどった背もたれ
のある椅子。象嵌で植物が描
かれたテーブル。すべてがナ
ンシー派のガレ特有のアー
ル・ヌーヴォーである。

［図6］　ルイ・マジョレルの
　　　　　サロン

—

睡蓮をモチーフにしたデザイ
ンで、マホガニーの杢の特徴
を生かしている。飾り戸棚の
両脇には睡蓮の金色ブロンズ
の装飾が目を引く。小テーブ
ルの脚も飾り戸棚の装飾と同
じである。テーブルの甲板は
真ん中が凹んでいて、杢目が
美しい。

ヴォーはすぐには受け入れられなかった。

　アール・ヌーヴォーは多くの点で実験的な様式、理論家の様式に留まっていた。この様式は今までの伝統とあまりに断絶していたのですぐには成功しなかったが、家具の分野では優れた作品を残している。1885年から1890年頃に有名な指物家具職人マジョレル、ヴァラン、ガレ、ガイヤール、コナのアトリエから新しい家具が生まれた。この人たちは同時に陶芸家、金銀細工師、ガラス細工師でもあった。アール・ヌーヴォーは唐突にベル・エポックの終わりを告げた第1次世界大戦によって押し流された。そのことがこの様式の特徴を持つ見事な家具の稀少さと家具の中でも重要な一部つまり、ライティング・ビューローやコモードが欠けていることの説明になる。したがって、今では一軒家もしくはアパルトマン全体に本物のアール・ヌーヴォーの家具を入れることは不可能である。

[図7]　デスク
　　　　ルイ・マジョレル作
　　　—
マホガニー、紫檀、革、金色
ブロンズを使った蘭の花をモ
チーフにしたデスクである。
引き出しが2つ、甲板奥に小
さな引き出しが3つある。

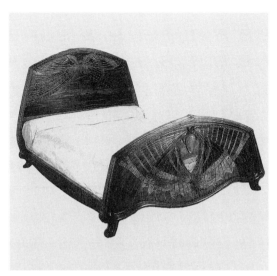

［図8］　ベッド

　　　　エミール・ガレ作

　—

夜明けと黄昏を表わすデザイ
ン。蝶の羽の間に夕日に輝く
風景など、紫檀、黒檀、螺鈿、
ガラスを使った見事な作品。

［図9］　椅子

　　　　ウジェーヌ・ガイヤール作

　—

ワックスをかけた紫檀の椅子
はブルーと金色で織られたリ
ヨンの絹地が張られている。
シンプルで洗練された作品。

アール・デコ建築と家具

1925年に行われた装飾芸術万国博覧会の名称からとったアール・デコ様式は、1925年様式とも呼ばれ、第1次世界大戦とロシア革命の後の平和で気楽な時期にあらわれた。

アール・デコ建築は様々な要素を取り入れ、全体的に直線的な特徴を持っている。シャイヨー宮とよばれる1937年の博覧会の折に建てられた美術館は、両翼を手前に広げたイタリア・バロックの特徴を持ちながら、直線的なシルエットである。この様式は商店建築、特にデパートで多く使われた。

1925年の指物師や装飾家達の大半は、本質的にはフランス家具の素晴らしい伝統と結びつけ、またルイ・フィリップ様式以来の個性の無さを打ち消そうとした。ルイ15世やルイ16世様式、王政復古様式、スペインやオリエントに想を得たりすることもあった。アール・ヌーヴォーの影響も受けている。

同時代に作られた機能優先の様式と較べると、最も心を打つのはおそらく、装飾の急増と豊かさであろう。バウハウス運動が装飾の消失へと突き進んでいた頃、アール・デコは装飾のためにすべての起源をあたり、想像力や洗練さに関心を向けていた。象嵌、寄せ木、彫刻の青銅、鋳鉄、漆、絵画などがふんだんに使われた。

1935年以来、まだ何かに取って代わられる前に、アール・デコは流行おくれになり始めた。それよりも「古い様式」が好まれ、特にアンピール様式は、1950年代までの長い流行となった。近代的な趣味のめまぐるしい高くつく変遷を前にして、家具の愛好者たちは安定した価値を持つものを選んだ。

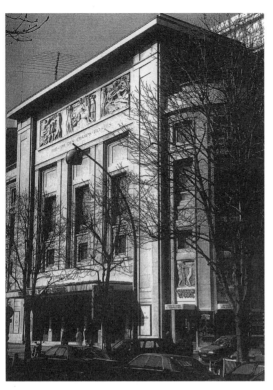

—

アンリ・ヴァン・ド・ヴェル
ドの計画により、オーギュス
ト・ペレが建築した。直線的
なデザインが特徴的である。
上部フリーズの浅浮彫はコン
クリート製である。

［図11］パレ・ド・トーキョー
　　　（パリ市立近代美術館）

—

ジャン・クロード・ドンデル
とアルベリック・オベール設
計。1937年の万国博覧会の
ために建てられた。

[図12] 寝室の提案
　　　エミール・ジャック・
　　　リュールマン作

—

部屋のドアや家具などすべてマホガニーで統一されている。ベッドは向日葵と名付けられたデザイン。ライティング・ビューローはシリンダー式である。

[図13] コモード
　　　ポール・イリーブ作

—

ふくらみのあるラインで、カーブした脚のコモードは、緑色の鮫革に黒檀の細い線で象嵌されている。黒檀の花綱が下部を飾っている。非常に洗練された豪華な家具である。

[図14] 椅子
—
ワックスをかけた紫檀の椅子
は、1925年の装飾芸術万国
博覧会で賞を得たものであ
る。座と背は丸みを帯び、わ
ずかにカーブした前脚は幕
板の高い位置に付けられてい
る。布地は立体感のない平た
くて大きな花柄である。

[図15] 半円形のデスク
　　　　リュールマン作
—
黒檀で化粧張りされたデス
ク。甲板は革張りで、インク
壺が2つ置かれている。右側
は蛇腹の扉と引き出しが1段
ある。

モダン・アーキテクチュアー

西洋建築は古代ギリシア・ローマ時代から芸術的なものであった。ところが、20世紀になると素材も鉄、ガラス、コンクリートがふんだんに使われ、これまでの様式にとらわれない新しい動きが出てくるようになり、工学としての建築も求められるようになった。

　そのような動きの中で、2つの流れがあった。その1つは、パリのエコール・デ・ボザール（国立美術学校）の古典主義的主張や教育方法で、それらが称賛され、各国で模倣、応用された。つまり、公共の大規模建築やモニュメントで、古典主義様式のファサードをデザインしながら、鉄やコンクリートを使う構造がさかんに使われ始めた。

　もう1つは、「モダン・アーキテクチュアー」とよばれるものへと導くものであった。19世紀末以降様式から脱却し、まったく新しい試みがなされた。

　建築家グロピウスによって創設されたドイツのバウハウスでは、建築、装飾、彫刻などあらゆる原則が再検討され、社会主義的な概念、技術革命に対することまで討論された。ナチスによって14年間活動していた学校は閉鎖され、主だった人々はアメリカへ亡命した。

　モダン・アーキテクチュアーに影響を与えたドイツ工作連盟やバウハウスの薫陶を受けた人々、ブルーノ・タウト、ミース・ファン・デル・ローエ、ル・コルビュジエなどが活躍した。鉄、鉄筋コンクリート、板ガラスなどの工業製品を使いながら、従来のレンガ積みの壁構造から、柱梁構造に代わった。鉄骨か鉄筋コンクリートのフレームに床や壁が取り付けられるものであった。壁構造では耐力壁に大きな横長な窓を造ることは不可能であったが、より自由な設計が行われた。表現の自由を模索するものであり、ドイツ、フランスを中心としてグローバルにこの動きは広まっていった。

[図16] ヴィラ・サヴォア
—

ル・コルビュジエ設計。彼は1914年に雑誌を通して「ドミノ」とい
う特許デザインを発表した。それは壁構造ではなく柱と床と天井
からなるもので、当時第1次世界大戦下にあり、住宅を安く大量生
産できるシステムであった。その代表作がヴィラ・サヴォアであ
る。今までの建築とはまったく異なり、1階の一部がピロティ形式
となり、横長の窓、装飾のない白壁などが特徴である。(1928-31)

[図17] ロンシャン礼拝堂

—

ル・コルビュジエ設計。第2次世界大戦の折にドイツ軍に破
壊された礼拝堂のがれきが内部に使われている。ヴィラ・サ
ヴォアとは対極にあり、1つの彫刻品のようにも見える。曲
線を描く屋根は外壁から大きくはみ出し柱が支えている。
内部は閉じられた空間で採光に工夫が凝らされ、柔らかい
光に包まれている。(1950-55)

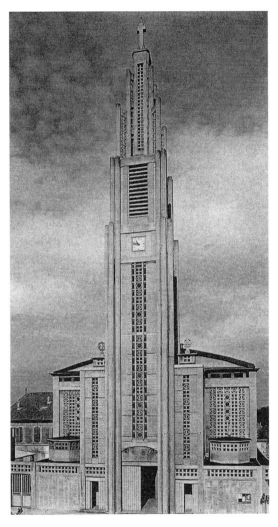

［図18］ル・ランシーのノートルダ
ム教会

―

オーギュスト・ペレ設計。ゴ
シックと古典の伝統を離れ、
打ち放しのコンクリートとい
う手法を使い、新しい建築を
打ち出した。極端に細身のコ
ンクリート造支柱とヴォール
トが使われ、中世の教会建築
とは全く違う印象を受ける。

機能主義様式の家具

モダン・アーキテクチュアーを目指す建築家や、内装、家具をデザインする人々の間で機能主義的様式の模索がはじめられた。

　それは、美的と同様に、精神的、政治的手段の表現として、社会のすべての階級のために、美しく、実用的で、製造コストの安いものを創作しようとした。この目的を満たすためには、素材の選択を制限し、製造の技術も考えなければならなかった。設計者は大量生産の可能性を常に頭に置かなければならなかった。家具はまず試作品の形で設計され、次に工業メーカーの忠告などによって、形を作り直したり、変更したりした。

　合板が使われだしたのはこの時期である。価格の高い木材を使う代わりに、ポプラなど安い木材を中心に3枚重ねの合板など、木材の堅牢さや加工のしやすさなどが研究された。また、金属はいままで金色ブロンズや銅などが装飾に使われたが、スティールの管が家具の一部や、蝶番やレールなど機能する部分にも使われた。

[図19] 机と椅子
　　　　ジャン・プルーヴェ作
—
幼稚園児から学生のために5種類のサイズが作られた。移動しやすく、またスタッキングできるデザインになっている。スティール管と合板が使われている。

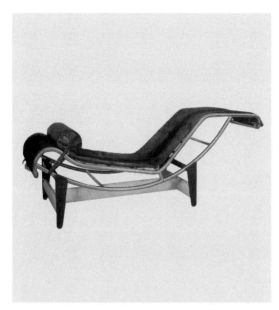

［図20］シェーズ・ロング
　　　　ル・コルビュジエ作
　　　　（1929–）
　
—

金属の骨組みの上に、革張り
で背もたれと座が一体となっ
たものが載せられている。休
息用の椅子で、親友であった
ジャン・プルーヴェの居間に
置かれていた。

［図21］書架「メキシコ」
　　　　シャルロット・ペリアン作
—

1952年、パリ大学都市メキ
シコ館の学生の寝室のための
モデルである。ラッカー塗装
の板金、アルミニウム、木な
どが使われた。同じようなシ
リーズで間仕切り家具、書籍
用飾り棚なども製作された。

おわりに

中世から20世紀半ばまで、建築や家具について解説してきたが、まだ重要な建築物を紹介しきれていないので、いくつか挙げてみたい。

通常は建物内部のなるべく目立たない場所におさめるはずの配管設備やエスカレーターをわざと建物外部に配し、さらに原色で目立たせたデザインのポンピドゥー・センターや、フランス革命200年を記念して建てられたグランダルシュは凱旋門のような形をしたオフィスビルである。35階は展望台になっていて東側のパリの街を見渡せる。パリの北東に位置するメス市の美術館を設計したのは坂茂である。紙管やコンテナを利用し建築を作ったり、災害支援活動で知られる坂茂は、ポンピドゥー・センター・メスではエコロジーに気を配っている。このような新しい試みがなされた建築も巧みに過去の建築物と調和されている。

　パリの中心部を見渡すとゴシック様式はパリのノートル・ダム大聖堂、ルネサンス様式はルーヴル宮殿のレスコー棟、バロック様式はルーヴル宮殿のセーヌ川をはさんで向かい側にあるフランス学士院がイタリア・バロックであり、ルーヴル宮殿の東側はフランス・バロックといわれている。メトロの入り口はギマールが設計したアール・ヌーヴォーの植物からインスピレーションを得た優雅なデザインである。パリの街中をほんのちょっと散歩するだけで様々な様式を見分けることができる。

家具についてはどうだろうか。ルーヴル美術館の家具部門は中世の家具から、色々揃っているが、ルイ14世時代のシャルル・ブールの鼈甲を赤く染めた地に銅などでデザインした精巧な家具が特にお薦めだ。ニシム・ド・カモンド美術館はカモンド伯爵が住んでいた邸宅とコレクションを第1次世界大戦で死んだ息子を記念して寄付されたもので、邸宅とルイ15世時代の高級家具が興味深い。マレー地区にあるカルナヴァレ博物館も是非訪ねていただきたい。建物は16世紀にルネサンス様式で建てられたが、手を加えられた。内部はルイ14世様式の部屋には当時の内装に家具が配置されているように、ルイ15世様式、ルイ16世様式、大革命時代や第2共和政時代まで、内装や家具の変遷が分かるようになっている。

　また、ホテルでは建物、内装、家具をトータルで見ることができる。パリのホテルは高いので、必ずしも泊る必要はない。きちんとした服装で堂々としていれば、ゆっくりとロビーに座ってトイレを借りて出てくることもできる。ヴァンドーム広場にあるオテル・リッツ、コンコルド広場に面しているオテル・クリヨン、フォーブル・サントノーレにあるオテル・ル・ブリストル、リヴォリ通りのオテル・ル・ムーリス、モンテーニュ通りのオテル・プラザ・アテネなどがお薦めだ。日本のようなロビーがないところもあるので、その場合はカフェで少々高いケーキとコーヒーを頼むのもよいかもしれない。ゆっくりと内装、家具、カーテン、装飾品を品定めることができる。

パリ以外にも、もしニューヨークにお出かけならメトロポリタン美術館には、マリー・アントワネットが使っていたとされる家具がサロンのような設えで展示されている。ロンドンではヴィクトリア・アンド・アルバート美術館やウォーレス・コレクションには行く価値がある。革命の折にヴェルサイユ宮殿の家具が売りに出され、一番多く買っていったのはイギリスの貴族だったようだ。そのため、シャルル・ブールやマルタン・カルラン、リーズネルなどサイン入りの高級家具が多く見られる。

　簡単な紹介ではあるが、フランスの建築や家具に興味を持っていただけたらと思う。

　建築史を中心に様々なアドヴァイス、御指導をいただいた建築史家の中島智章先生、フランス語の文書の翻訳を助けていただいた清尾葉子氏、文章についてアドヴァイスを下さった旧友の服部百合子氏に深く感謝いたします。

　この作品を編集、発刊してくださったクレオの赤平覚三氏をはじめグラフィック・デザイナーの加藤勝也氏のおかげでこの本を出版できることになりました。有難うございました。

2019年12月　窪田 喜美子

建築様式とインテリア様式の比較表

建築史	王・皇帝の在位	特徴
ロマネスク様式 （11C–12C）	カペー王朝 987–1328	石積みの組構造の重厚な壁体、 半円アーチの開口部 回廊 ロンバルディア・バンド
ゴシック様式 （12C–15C）	ヴァロワ王朝 1328–1498	ポインテッド・アーチ ステンド・グラス バラ窓 リブ・ヴォールト フライング・バットレス
ルネサンス様式 （15C–16C前半） — （マニエリスム様式）	シャルル8世 1422–1461 フランソワ1世 1515–1547 — アンリ4世 1589–1610	イタリアの影響 古代の円柱の様式を 体系化 オーダーを使用 端正で静的 — 後期ルネサンス 端正さが崩れディテールに遊びの要素 オーダー（円柱の様式） の種類

本書で紹介した主な建築

ヴェズレー・ラ・
マドレーヌ修道院

モワサック・サン・
ピエール修道院

サン・ドニ聖堂
パリ・ノートルダム司教
座聖堂

ランス大聖堂

フォンテーヌ・ブロー城館

シャンボール城館
ルーヴル宮殿・レスコ棟

インテリアと家具の様式

中世の様式

ゴシック様式の戸棚

ルネサンス様式
アンドルーエ・セルソーによる版画の下絵

建築様式とインテリア様式の比較表

建築史	王・皇帝の在位	特徴
（ルイ13世様式）	ルイ13世 1610-1643	赤レンガとクリーム色の切り石の外壁
バロック様式 （17C後半–18C）	ルイ14世 1643-1715 摂政時代	イタリア・バロック、楕円やうねる壁体など動的 フランス・バロック、秩序ある端正なデザイン

ルーヴル宮東側ファサード：ベルニーニ案
ローマ・バロック風ファサード

ルーヴル宮東側ファサード：フランス・バロック

（ロココ様式）	ルイ15世 1715-1774	後期バロックにおける内装や家具の様式 曲線を多用、優雅なデザイン

本書で紹介した主な建築	インテリアと家具の様式
ヴェルサイユの館	  ルイ 13 世様式　　　　ルイ 13 世様式 布で覆われたベッド　　テーブル／肘掛け椅子
ヴォー・ル・ヴィコント城館 ルーヴル宮殿東側ファサード ヴェルサイユ宮殿	  ルイ 14 世様式　　　　ルイ 14 世様式 肘掛け椅子　　　　　　タブレ   レジャンス様式　　　　レジャンス様式 デスク　　　　　　　　肘掛け椅子
スービーズ邸館、楕円の間 ヴェルサイユ宮殿、閣議の間 プティ・トリアノン	ルイ 15 世様式

建築様式とインテリア様式の比較表

建築史	王・皇帝の在位	特徴
新古典主義建築 （18C後半–19C）	ルイ 16 世 1774–1791 — ナポレオン1世 1804–1815	古代ローマ・ギリシアの遺跡から着想 オーダーを装飾ではなく古代神殿のように 構造材として使用 グリーク・リヴァイヴァル 古代ギリシアの比例のオーダー

本書で紹介した主な建築	インテリアと家具の様式

プティ・トリアノン

ルイ 15 世様式
ポーランド風ベッド

ルイ 15 世様式
王妃風カナペ（ソファ）
カブリオレ形肘掛け椅子

オテル・クリヨンのファサード

ルイ 16 世様式
チッペンデール風椅子｜ボヌール・デュ・ジュール
—
総裁様式
—

ラ・ヴィレット関門
—
カルーゼル凱旋門

アンピール様式｜ゴンドラ形の肘掛け椅子

建築様式とインテリア様式の比較表

建築史	王・皇帝の在位	特徴
ゴシック・リヴァイヴァル （18C半ば–19C）		
歴史主義建築 （19C–20C）	ルイ 18 世 1814–1824 ― シャルル 10 世 1824–1830 ― ルイ・フィリップ 1830–1848 ― ナポレオン 3 世 1852–1870	ゴシック・リヴァイヴァル ネオ・ロマネスク様式 ネオ・ルネサンス様式 ネオ・バロック様式 ネオ・ロココ様式 折衷主義様式

本書で紹介した主な建築	インテリアと家具の様式

ヴィオレ・ル・デュックによるパリ・
ノートル・ダム大聖堂の修復

サント・クロチルド聖　サクレ・クール聖堂　　王政復古様式｜肘掛け椅子
堂　　　　　　　　　ファサード

サント・ジュヌヴィエーヴ図書館

ルイフィリップ様式　　ルイフィリップ様式
ヴォルテール型　　　　ナイトテーブル
肘掛け椅子

パリ・ガルニエ宮（旧オペラ座）

ナポレオン 3 世様式　　ナポレオン 3 世様式
パピエ・マシュの椅子　　アンディスクレ

建築様式とインテリア様式の比較表

建築史	王・皇帝の在位	特徴
モダン・ アーキテクチュアー		
アール・ヌーヴォー (19C末–20C初頭)		過去の様式と関係を持たない新様式 植物に想を得た曲線
アール・デコ (1910年代–1940年代)		直線が主体。古典主義的だが簡素化されている。

本書で紹介した主な建築	インテリアと家具の様式

パリ・メトロの入り口装飾

アール・ヌーヴォー様式
ユオ邸の細部

アール・ヌーヴォー様式
改段の手摺り

ヴィラ・ラ・ブリュエット

アール・ヌーヴォー様式
ベッド

アール・ヌーヴォー様式
椅子

シャンゼリゼ劇場　　パレ・ド・トーキョー

アール・デコ様式
コモード

アール・デコ様式
椅子

アール・デコ様式｜半円形のデスク

建築様式とインテリア様式の比較表

建築史	王・皇帝の在位	特徴
モダン・ アーキテクチュアー （1910 年代–1960 年代）		「モダニズム建築」とも呼ばれる

本書で紹介した主な建築

ヴィラ・サヴォア

ロンシャン礼拝堂

インテリアと家具の様式

機能的様式｜机と椅子

機能的様式｜シェーズ・ロング

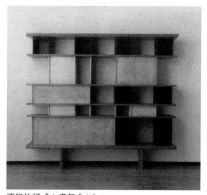

機能的様式｜書架「メキシコ」

建築様式とインテリア様式の比較表

掲載図
出典一覧

[第1章]

図1 ┃ ダン・クリュックシャンク編、飯田喜四郎監訳
『フレッチャー図説世界建築の歴史大事典』西村書店、2012

図2 ┃ 中島智章

図3 ┃ 辻本敬子『図説ロマネスクの教会堂』河出書房新社、東京、2003

図4 ┃ 渡部雄吉『ヨーロッパの教会とステンド・グラス』クレオ、東京、1998

図5 ┃ 渡部雄吉『ヨーロッパの教会とステンド・グラス』クレオ、東京、1998

図6 ┃ ダン・クリュックシャンク編、飯田喜四郎監訳
『フレッチャー図説世界建築の歴史大事典』西村書店、東京、2012

図7 ┃ ダン・クリュックシャンク編、飯田喜四郎監訳
『フレッチャー図説世界建築の歴史大事典』西村書店、東京、2012

図8 ┃ ダン・クリュックシャンク編、飯田喜四郎監訳
『フレッチャー図説世界建築の歴史大事典』西村書店、東京、2012

図9 ┃ ダン・クリュックシャンク編、飯田喜四郎監訳
『フレッチャー図説世界建築の歴史大事典』西村書店、東京、2012

図10 ┃ 中島智章『図説　パリ名建築でめぐる旅』河出書房新社、東京、2008

図11 ┃ Editions VALOIRE-ESTEL:『ロワールの城』Blois, 2004

図12 ┃ FERAY, Jean: *Architecture intérieure et décoration en France des origins
à 1875*, Editions Berger-Lervault, Paris, 1988

図13 ┃ FERAY, Jean: *Architecture intérieure et décoration en France des origins
à 1875*, Editions Berger-Lervault, Paris, 1988

図14 ┃ VIOLLET-LE-DUC, E: *Dictionnaire raisonné du mobile français de l'
epoque carlovingienne à la renaissance*, Librairie Grund et Maguet, Paris,
s.d

図15 ┃ VIOLLET-LE-DUC, E: *Dictionnaire raisonné du mobile français de l'
epoque carlovingienne à la renaissance*, Librairie Grund et Maguet, Paris,
s.d

図16 ┃ VIOLLET-LE-DUC, E: *Dictionnaire raisonné du mobile français de l'
epoque carlovingienne à la renaissance*, Librairie Grund et Maguet, Paris,
s.d

図17 ┃ VIOLLET-LE-DUC, E: *Dictionnaire raisonné du mobile français de l'
epoque carlovingienne à la renaissance*, Librairie Grund et Maguet, Paris,
s.d

[第2章]

図1 ┃ BLONDEL, Nicola-François: *Cours d'architecture*, Paris, 1673–1683

図2 ｜ 佐藤達生『西洋建築の歴史』河出書房新社、東京、2014

図3 ｜ ANDROUET DU CERCEAU, Jacques: *Les plus excellents batiments du France*, Paris, 1576–79

図4 ｜ ANDROUET DU CERCEAU, Jacques: *Les plus excellents batiments du France*, Paris, 1576–79

図5 ｜ ダン・クリュックシャンク編、飯田喜四郎監訳
『フレッチャー図説世界建築の歴史大事典』西村書店、東京、2012

図6 ｜ Editions VALOIRE-ESTEL:『ロワールの城』Blois, 2004

図7 ｜ 畠野健次『旅のアルバム　ロワールの古城を訪ねて』S. I. Hyotans, Paris, 2000

図8 ｜ ALCOUFF, Daniel, DION-TENENBAUM, Anne, LEFEBURE Amaury: *Furniture Collection in the Louvre*, Volume 1, Edition Faton, Dijon, 1993

図9 ｜ DIAPOFILM, Paris: Le mobilier français, 1990

図10 ｜ BLUNT, Anthony: *Art and Architecture in France*, Penguin Books, London, 1953

図11 ｜ Marie, Alfred: *La Naissance de Versailles, Le chateau-Les Jardins*, 2 vols, Editions Vincent, Feréal et Paris, 1968

図12 ｜ ALCOUFF, Daniel, DION-TENENBAUM Anne, LEFEBURE Amaury: *Furniture Collection in the Louvre*, Volume 1, Edition Faton, Dijon, 1993

図13 ｜ CHADENET, Sylvie: ESPERANCE, Maurice: *Tout les styles du Louis XIII au 1925*, Sofedis, Paris, 1981

図14 ｜ FÉLICE, Roger de: *French Furniture under Louis XIV, Little illustrated book on old French furniture*, Frederick A. stokes company, New York, s.d.

図15 ｜ FÉLICE, Roger de: *French Furniture under Louis XIV, Little illustrated book on old French furniture*, Frederick A. stokes company, New York, s.d.

［第3章］

図1 ｜ Marie, Alfred: *La Naissance de Versailles, Le chateau-Les Jardins*, 2 vols, Editions Vincent, Feréal et Paris, 1968

図2 ｜ 中島智章『NICHE 03 フランス建築探訪！』工学院大学建築同窓会 NICHE出版会、東京、2016

図3 ｜ PEROUSE DE MONCLOS, Jean-Marie: *Histoire de l' Architecture Français De la Renaissance à la Révolution*, Mengès, Paris, 2003

図4 ｜ 中島智章『図説　パリ名建築でめぐる旅』河出書房新社、東京、2008

図5 ｜ LEMOINE, Pierre: *Guide to the Museum and National Domain of Versailles and Trianon*, Réunion des musées nationaux 2000

図6 ｜ シモーヌ・オーグ『ヴェルサイユそのすべて』Art Lys, 2004

図7 ｜ ALCOUFF, Daniel, DION-TENENBAUM, Anne, LEFEBURE, Amaury: *Furniture Collection in the Louvre*, Volume 1, Edition Faton, Dijon, 1993

図8 ｜ LEMOINE, Pierre: *Guide to the Museum and National Domain of Versailles and Trianon*, Réunion des musées nationaux 2000

図9 ｜ DIAPOFILM, Paris: Le mobilier français, 1990

図10 ｜ DIAPOFILM, Paris: Le mobilier français, 1990

図11 ｜ RONFORT, Jean: Nérée:André Charles Boulle 1642–1732, *Un nouveau styles pour l' Europe*, Museum fur Angewandte Kunst Frankfurt, Frankfurt, 2009

図12 ｜ PALLOT, Bill G.B.: *Furniture Collection in the Louvre*, Volume 2, Edition Faton, Dijon, 1993

図13 ｜ D IAPOFILM, Paris: Le mobilier français, 1990

図14 ｜ DIAPOFILM, Paris: Le mobilier français, 1990

図15 ｜ SAULE, Béatrix: " Quand Versailles était meubléd' argent ", *Quand Versailles était meublé d' argent*, Edition de la Réunion des musées nationaux, Paris, 2007

図16 ｜ DIAPOFILM, Paris: Le mobilier français, 1990

図17 ｜ DIAPOFILM, Paris: Le mobilier français, 1990

図18 ｜ G ALLET, Michel et BOTTINEAU, Yves: *Les GABRIEL*, Picard, Paris, 1982

図19 ｜ 中島智章『図説　パリ名建築でめぐる旅』河出書房新社、東京、2008

図20 ｜ GALLET, Michel et BOTTINEAU, Yves: *Les GABRIEL*, Picard, Paris, 1982

図21 ｜ ダン・クリュックシャンク編、飯田喜四郎監訳 『フレッチャー図説世界建築の歴史大事典』西村書店、2012

図22 ｜ シモーヌ・オーグ『ヴェルサイユそのすべて』Art Lys, 2004

図23 ｜ FERAY, Jean: *Architecture intérieure et décoration en France des origins à 1875*, Editions Berger-Lervault, Paris, 1988

図24 ｜ シモーヌ・オーグ『ヴェルサイユそのすべて』Art Lys, 2004

図25 ｜ ALCOUFF, Daniel, DION-TENENBAUM, Anne, LEFEBURE, Amaury: *Furniture Collection in the Louvre*, Volume 1, Edition Faton, Dijon, 1993

図26 ｜ シモーヌ・オーグ『ヴェルサイユそのすべて』Art Lys, 2004

図27 ｜ PALLOT, Bill, G.B.: *Furniture Collection in the Louvre*, Volume 2, Edition Faton, Dijon, 1993

図28 ｜ FORRAY-CARLIER, Anne: *Le mobilier du Musée Carnavalet*, Edition Faton, Dijon, 2000

図29 ｜ FORRAY-CARLIER, Anne: *Le mobilier du Musée Carnavalet*, Edition Faton, Dijon, 2000

図30 ｜ PALLOT, Bill, G.B.: *Furniture Collection in the Louvre*, Volume 2, Edition Faton, Dijon, 1993

図31 ｜ ALCOUFF, Daniel, DION-TENENBAUM, Anne, LEFEBURE Amaury: *Furniture Collection in the Louvre*, Volume 1, Edition Faton, Dijon, 1993

図32-1 ｜ ALCOUFF, Daniel, DION-TENENBAUM, Anne, LEFEBURE Amaury: *Furniture Collection in the Louvre*, Volume 1, Edition Faton, Dijon, 1993

図32-2 ｜ ALCOUFF, Daniel, DION-TENENBAUM, Anne, LEFEBURE Amaury: *Furniture Collection in the Louvre*, Volume 1, Edition Faton, Dijon, 1993

[第4章]

図1 ｜ 中島智章『図説　パリ名建築でめぐる旅』河出書房新社、東京、2008
図2 ｜ 中島智章『図説　パリ名建築でめぐる旅』河出書房新社、東京、2008
図3 ｜ 中島智章
図4 ｜ グルッポ7『図説西洋建築史』彰国社、東京、2005
図5 ｜ LEVER, Évelyne: *Marie-Antoinette*, Beaux Arts, 2008
図6 ｜ FERAY, Jean: *Architecture intérieure et décoration en France des origins à 1875*, Editions Berger-Lervault, Paris, 1988
図7 ｜ LEMOINE, Pierre: *Guide to the Museum and National Domain of Versailles and Trianon*, Réunion des musées nationaux 2000
図8 ｜ DIAPOFILM, Paris: Le mobilier français, 1990
図9 ｜ TOLFREE, Eleanor: "Le mobilier de Marie-Antoinette à la Wallace Collection", Versalia, revue de la Société des Amis de Versailles, 2006

図10 ｜ FORRAY-CARLIER, Anne: *Le mobilier du Musée Carnavalet*, Edition Faton, Dijon, 2000

図11 ｜ ALCOUFF, Daniel, DION-TENENBAUM, Anne, LEFEBURE, Amaury: *Furniture Collection in the Louvre*, Volume 1, Edition Faton, Dijon, 1993

図12 ｜ PALLOT, Bill, G.B.: *Furniture Collection in the Louvre*, Volume 2, Edition Faton, Dijon, 1993

図13 ｜ PALLOT, Bill, G.B.: *Furniture Collection in the Louvre*, Volume 2, Edition Faton, Dijon, 1993

図14 ｜ GASC, Nading: *The Nissim de Camondo Museum*, Fondation Paribas, Paris, 1995

図15 ｜ CHADENET, Sylvie, ESPERANCE, Maurice: *Tout les styles du Louis XIII au 1925*, Sofedis, Paris, 1981

図16 ｜ CHADENET, Sylvie, ESPERANCE, Maurice: *Tout les styles du Louis XIII au 1925*, Sofedis, Paris, 1981

図17 ｜ FERAY, Jean: *Architecture intérieure et décoration en France des origins à 1875*, Editions Berger-Lervault, Paris, 1988

図18 ｜ FERAY, Jean: *Architecture intérieure et décoration en France des origins à 1875*, Editions Berger-Lervault, Paris, 1988

図19 ｜ CHADENET, Sylvie, ESPERANCE, Maurice: *Tout les styles du Louis XIII au 1925*, Sofedis, Paris, 1981

図20 ｜ CHADENET, Sylviee, ESPERANCE, Maurice: *Tout les styles du Louis XIII au 1925*, Sofedis, Paris, 1981

図21 ｜ ALCOUFF, Daniel, DION-TENENBAUM Anne, LEFEBURE, Amaury: *Furniture Collection in the Louvre*, Volume 1, Edition Faton, Dijon, 1993

図22 ｜ DIAPOFILM, Paris: Le mobilier français, 1990

図23 ｜ DIAPOFILM, Paris: Le mobilier français, 1990

図24 ｜ FORRAY-CARLIER, Anne: *Le mobilier du Musée Carnavalet*, Edition Faton, Dijon, 2000

図25 ｜ ALCOUFF, Daniel, DION-TENENBAUM, Anne, LEFEBURE, Amaury: *Furniture Collection in the Louvre*, Volume 1, Edition Faton, Dijon, 1993

図26 ｜ ALCOUFF, Daniel, DION-TENENBAUM, Anne, LEFEBURE, Amaury: *Furniture Collection in the Louvre*, Volume 1, Edition Faton, Dijon, 1993

[第5章]

図1 ｜ 中島智章『図説 パリ名建築でめぐる旅』河出書房新社、東京、2008

図2 ｜ ダン・クリュックシャンク編、飯田喜四郎監訳
『フレッチャー図説世界建築の歴史大事典』西村書店、2012

図3 ｜ 中島智章『図説 パリ名建築でめぐる旅』河出書房新社、東京、2008

図4 ｜ 中島智章『図説 パリ名建築でめぐる旅』河出書房新社、東京、2008

図5 ｜ 中島智章『図説 パリ名建築でめぐる旅』河出書房新社、東京、2008

図6 ｜ 中島智章『図説 パリ名建築でめぐる旅』河出書房新社、東京、2008

図7 ｜ MIDDLETON, Robin, WATKIN, David: *Neoclassical and 19th Century Architecture/2*, faber and faber/Electa, London, 1987

図8 ｜ FERAY, Jean: *Architecture intérieure et décoration en France des origins à 1875*, Editions Berger-Lervault, Paris, 1988

図9 ｜ FERAY, Jean: *Architecture intérieure et décoration en France des origins à 1875*, Editions Berger-Lervault, Paris, 1988

図10 ｜ DIAPOFILM, Paris: Le mobilier français, 1990

図11 ｜ DIAPOFILM, Paris: Le mobilier français, 1990

図12 ｜ DIAPOFILM, Paris: Le mobilier français, 1990

図13 ｜ DIAPOFILM, Paris: Le mobilier français, 1990

図14 ｜ DIAPOFILM, Paris: Le mobilier français, 1990

図15 ｜ DIAPOFILM, Paris: Le mobilier français, 1990

図16 ｜ FERAY, Jean: *Architecture intérieure et décoration en France des origins à 1875*, Editions Berger-Lervault, Paris, 1988

図17 ｜ FERAY, Jean: *Architecture intérieure et décoration en France des origins à 1875*, Editions Berger-Lervault, Paris, 1988

図18 ｜ FERAY, Jean: *Architecture intérieure et décoration en France des origins à 1875*, Editions Berger-Lervault, Paris, 1988

図19 ｜ FORRAY-CARLIER, Anne: *Le mobilier du Musée Carnavalet*, Edition Faton, Dijon, 2000

図20 ｜ DIAPOFILM, Paris: Le mobilier français, 1990

図21 ｜ DIAPOFILM, Paris: Le mobilier français, 1990

図22-1 ｜ FORRAY-CARLIER Anne: *Le mobilier du Musée Carnavalet*, Edition Faton, Dijon, 2000

図22-2 ｜ FORRAY-CARLIER Anne: *Le mobilier du Musée Carnavalet*, Edition Faton, Dijon, 2000

図23 ｜ DIAPOFILM, Paris: Le mobilier français, 1990

図24 ｜ DIAPOFILM, Paris: Le mobilier français, 1990

[第6章]

図1 ｜ LOYER, François: *De la Révolution à nos jour*, Édition Mengès / Édition Patrimoine, Paris, 2006

図2 ｜ DENOËL et SERPENOISE: *ART NOUVEAU L' ECOLE DE NANCY, DENOËL et SERPENOISE*, 1987

図3 ｜ DIAPOFILM, Paris: Le mobilier français, 1990

図4 ｜ DENOËL et SERPENOISE: *ART NOUVEAU L' ECOLE DE NANCY, DENOËL et SERPENOISE*, 1987

図5 ｜ DENOËL et SERPENOISE: *ART NOUVEAU L' ECOLE DE NANCY, DENOËL et SERPENOISE*, 1987

図6 ｜ DENOËL et SERPENOISE: *ART NOUVEAU L' ECOLE DE NANCY, DENOËL et SERPENOISE*, 1987

図7 ｜ DENOËL et SERPENOISE: *ART NOUVEAU L' ECOLE DE NANCY, DENOËL et SERPENOISE*, 1987

図8 ｜ DENOËL et SERPENOISE: *ART NOUVEAU L' ECOLE DE NANCY, DENOËL et SERPENOISE*, 1987

図9 ｜ DIAPOFILM, Paris: Le mobilier français, 1990

図10 ｜ LOYER, François: *De la Révolution à nos jour*, ÉditionMengès / Édition Patrimoine, Paris, 2006

図11 ｜ LOYER, François: *De la Révolution à nos jour*, ÉditionMengès / Édition Patrimoine, Paris, 2006

図12 ｜ CAMARD, Florence: *RUHLMANN*, Edition du Regard, Paris, 1983

図13 ｜ DIAPOFILM, Paris: Le mobilier français, 1990

図14 ｜ DIAPOFILM, Paris: Le mobilier français, 1990

図15 ｜ BRIDGE, Mark: *An Encyclopedia of Desks*, Quintet, Publishing Ltd,. London, 1988

図16 ｜ LOYER, François: *De la Révolution à nos jour*, ÉditionMengès / Édition Patrimoine, Paris, 2006

図17 ｜ LOYER, François: *De la Révolution à nos jour*, ÉditionMengès / Édition Patrimoine, Paris, 2006

図18 ｜ LOYER, François: *De la Révolution à nos jour*, ÉditionMengès / Édition Patrimoine, Paris, 2006

図19 ｜ 編者：ペン編集部『ジャン・プルーヴェ　20世紀デザインの巨人』（株）阪急コミュニケーションズ、東京、2012

図20 ｜ 編者：ペン編集部『ジャン・プルーヴェ　20世紀デザインの巨人』（株）阪急コミュニケーションズ、東京、2012

図21 ｜ 編者：「シャルロット・ペリアンと日本」研究会
『シャルロット・ペリアンと日本』鹿島出版会、東京、2011

掲載図出典一覧

参考文献

- HAVARD, Henry: *Dictionnaire de l'ameublement et de la décoration*, Maison Quantin, Paris, s.d.
- VIOLLET-LE-DUC, E: *Dictionnaire raisonné du mobile français de l'epoque carlovingienne à la renaissance*, Librairie Grund et Maguet, Paris, s.d.
- ANDROUET DU CERCEAU, Jacques: *Les plus excellents batiments du France*, Paris,1576–79
- GUILMARD Déséré :*La connaissance des styles de l'ornementation HISTOIRE DE L'ORNEMENT et des arts qui s'y rattachent, depuis l'Ere chrétienne jusqu'a nos jours*, publié chez D.Guilmard,Paris, 1853
- FÉLICE, Roger de: *French Furniture in the middle ages and under Louis XIII*, Frederick A. stokes company, New York, s.d.
- FÉLICE, Roger de: *French Furniture under Louis XIV, Little illustrated book on old French furniture*, Frederick A. stokes company, New York, s.d
- FÉLICE, Roger de: *French Furniture under Louis XV, Little illustrated book on old French furniture*, Frederick A. stokes company, New York, s.d.
- BASCHET, Roger: *LE STYLE LOUIS XVI*, édité par Buchet et Cie, s.d.
- BAROTTE René: *Le meuble Français a travers les ages*, Les publications techniques, 1943
- JANNEAU, Guillaume: *Hisorique du meuble, Sélection de 200 modèles de meubles ancients*, Editions d'art CHARELES NOREAU, Paris, 1948
- BLUNT, Anthony : *Art and Architecture in France 1500–1700*, Penguin books、London, 1953
- MARIE, Alfred: *La Naissance de Versailles, Le chateau-Les Jardins*, 2 vols, Editions Vincent, Feréal et Paris,1968
- MORAN, Annie: *l'encyclopédie des STYLES du Louis XIII au contemporain* Marabout, Paris, 1969
- TADGELL, Christopher: *Ange-Jacques GABRIEL*, A. Zwemmer Ltd, London, 1978
- CHADENET, Sylviee; ESPERANCE, Maurice: *Tout les styles du Louis XIII au 1925*, Sofedis, Paris, 1981
- GALLET, Michel et BOTTINEAU, Yves: *Les GABRIEL*, Picard, Paris, 1982
- CAMARD, Florence: *RUHLMANN*, Edition du Regard, Paris, 1983
- MIDDLETON, Robin, WATKIN, David: *Neoclassical and 19th Century Architecture/2*, faber and faber/Electa, London, 1987
- DENOËL et SERPENOISE: *ART NOUVEAU L'ECOLE DE NANCY, DENOËL et SERPENOISE*, 1987

- FERAY, Jean: *Architecture intérieure et décoration en France des origins à 1875*, Editions Berger-Lervault, Paris, 1988
- BRIDGE, Mark: *An Encyclopedia of Desks*, Quintet, Publishing Ltd. London, 1988
- JUTHEAU, Viviane: *Jules et André LELEU*, Éditions Vecteurs, Paris, 1989
- DIAPOFILM, Paris: Le mobilier français, 1990
- ALCOUFF, Daniel, DION-TENENBAUM, Anne, LEFEBURE Amaury: *Furniture Collection in the Louvre*, Volume 1, Edition Faton, Dijon, 1993
- PALLOT, Bill G.B.: *Furniture Collection in the Louvre*, Volume 2, Edition Faton, Dijon, 1993
- GASC, Nading: *The Nissim de Camondo Museum*, Fondation Paribas, Paris, 1995
- BAULEZ, Christian: "Huit chaises pour la sale à manger de Marie-Antoinette au Hameau de Trianon" Versalia, revue de la Société des Amis de Versailles, 1999
- WENZLER, Claude: *Architecture du Château Renaissance*, Éditions oust-France, Rennes, 1999
- FORRAY-CARLIER, Anne: *Le mobilier du Musée Carnavalet*, Edition Faton, Dijon, 2000
- GOURCUFF, Isabelle de: *CHAMBORD*, Artlys, Versailles, 2002
- PEROUSE DE MONCLOS, Jean-Marie: *Histoire de l'Architecture Françaisw De la Renaissance à la Révolution*, Mengès, Paris,2003
- LEBEN Ulrich: "Versailles à Waddesdon Manor", Versalia, revue de la Société des Amis de Versailles, 2003
- GALLET, Michel et BOTTINEAU, Yves Sous la direction de: *LES GABRIEL*, Picard, Paris, 2004
- KISLUK-GROSHEIDE: "Versailles au Metropolitan Museum de New York", Versalia, revue de la Société des Amis de Versailles, 2005
- BABELON, Jean-Pierre, ALCOUFFE, Daniel: *Le mobile français du musée Jacquemart-André*, Paris, Édition Faton, 2006
- LOYER, François: *De la Révolution à nos jour*, Édition Mengès/ Édition Patrimoine, paris, 2006
- TOLFREE, Eleanor: "Le mobilier de Marie-Antoinette à la Wallace Collection", Versalia, revue de la Société des Amis de Versailles, 2006
- SAULE, Beatrix: "Quand Versailles était meublé d'argent», *Quand Versailles était meublé d'argent*, Edition de la Réunion des musées nationaux, Paris, 2007
- LEVER, Évelyne: *Marie-Antoinette*, Beaux Arts, 2008

- RONFORT, Jean Nérée: *André Charles Boulle 1642–1732, Un nouveau styles pour l'Europe*, Museum fur Angewandte Kunst Frankfurt, Frankfurt, 2009
- GADY, Alexandre: *Les HOTELS PARTICULIERS de PARIS*, Editions Parigramme, Paris, 2011
- ROCHEBRUNE, Marie-Laure: " Les Plaques des chasses de Louis XVI, une commande éblouissante "
- Versalia, revue de la Société des Amis de Versailles, 2015

　　　—

- 鈴木博之：『建築の世紀末』晶文社、東京、1977
- フリッツ・バウムガルト、杉本俊多訳：『西洋建築史』(上下) 鹿島出版会、東京、1983
- 柴田三千雄他：『フランス史』1, 2　山川出版社、東京、1996
- ニコラウス・ペヴスナー　小林文次他訳『新版 ヨーロッパ建築序説』彰国社、東京、1989
- P. マレー、長尾重武訳『イタリア・ルネッサンスの建築』鹿島出版会、1992
- J. サマーソン　堀内正昭訳『18世紀の建築　バロックと新古典主義』鹿島出版会、1993
- 西田雅嗣編：『ヨーロッパ建築史』昭和堂、京都、1998
- ジャック=フランソワ・ブロンデル　前川道郎監修『建築序説』中央公論美術出版、東京、1990
- 熊倉洋介他共著『西洋建築様式史』美術出版社、1996
- 畠野健次『旅のアルバム　ロワールの古城を訪ねて』S. I. Hyotans, Paris, 2000
- 福井憲彦：『フランス史』山川出版社、東京、2001
- シモーヌ・オーグ『ヴェルサイユ展』日本経済社、2002
- 辻本敬子、ダーリング益代：『ロマネスクの教会堂』河出書房新社、東京、2003
- シモーヌ・オーグ『ヴェルサイユそのすべて』Art Lys, 2004
- Editions VALOIRE-ESTEL『ロワールの城』Blois, 2004
- グルッポ7『図説西洋建築史』彰国社、2005
- ピーター・ブランデル・ジョーンズ　中村敏男訳『モダニズム建築』風土社、東京、2006
- クレール・コンスタン他『ナポレオンとヴェルサイユ展』日本経済新聞社、2005–2006
- 橋本文隆『図説アール・ヌーヴォー建築　華麗なる世紀末』河出書房新社、東京、2007
- ジャン=クリスチャン・プティフス、小倉孝誠監修『ルイ16世』（上下）中央公論新社、東京、2008

- マルク・バスク他『ルーヴル美術館展　フランス宮廷の美』朝日新聞社、2008
- 中島智章『図説　パリ名建築でめぐる旅』河出書房新社、東京、2008
- 中島智章『図説　ヴェルサイユ宮殿』河出書房新社、東京、2008
- ロジャー・プライス　河野肇訳：『フランスの歴史』創土社、東京、2008
- 中島智章『図説　バロック　華麗なる建築・音楽・美術の世界』河出書房新社、
  東京、2010
- 佐々木真『フランスの歴史』河出書房新社、東京、2011
- 編者：「シャルロット・ペリアンと日本」研究会
  『シャルロット・ペリアンと日本』鹿島出版会、東京、2011
- 編者：ペン編集部『ジャン・プルーヴェ　20世紀デザインの巨人』
  （株）阪急コミュニケーションズ、東京、2012
- ダン・クリュックシャンク編、飯田喜四郎監訳『フレッチャー図説世界建築
  の歴史大事典』西村書店 2012
- 中島智章『図説　キリスト教会　建築の歴史』河出書房新社、東京、2012
- 都築響一、木俣元一『フランス　ゴシックを仰ぐ』とんぼの本
  新潮社、東京、2013
- 佐藤達生：『西洋建築の歴史』河出書房新社、東京、2014
- 中島智章『NICHE 03 フランス建築探訪！』工学院大学建築同窓会
  NICHE出版会、東京、2016

著者紹介　　**窪田　喜美子**

1940年ブエノスアイレス生まれ

学習院大学文学部英文学科卒

2 級建築士

著書『継ぎはぎだらけのヴェルサイユ宮殿』（クレオ）

ひとめでわかる

フランスの建築と家具の歴史

中世から、ル・コルビュジエの世界まで

2020年7月31日
初版第1刷発行
–
著者： 窪田 喜美子
–
発行者： 赤平 覚三
–
印刷・製本： 凸版印刷株式会社
–
発行所： 株式会社クレオ
鎌倉市 鎌倉山 4-3-1（〒248-0031）
電話： 0467-67-8477
ファクス： 0467-91-4181
http://www.creo-pb.co.jp/
e-mail: art@creo-pb.co.jp

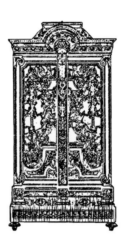